大学生创业教育本土化的探索与实践

谢志远　编著

ZHEJIANG UNIVERSITY PRESS
浙江大学出版社

目　录

第一章　创业教育概述

第二章　创业精神研究

第三章　创业实践探索

第四章　创业人才培养

第五章 创业资源整合

第六章 创业教育报道

第七章 创业教育研讨

第一章

创业教育概述

1　浅谈大学生创业教育

谢志远　应云进*

摘　要：本文分析了大学生创业教育的现状，提出开展大学生创业思想教育，培养创业意识；开展大学生创业技能教育，提高创业能力。

关键词：大学生　创业教育

一、我国大学生创业教育的现状

创业教育是我国高等教育深化改革的必然趋势。由于种种原因，高校毕业生的就业问题越来越突出，尤其是扩招以后，这一问题将更加迫切。这就要求我们高等院校一方面要不断提高人才的培养质量和社会适应性，同时，要更加强调对大学生的创业教育，使高校毕业生不只是为了就业，还要创业，创造更多的岗位使更多的人能够就业。江泽民同志在第三次全国教育工作会议上的讲话中指出："要帮助受教育者培养创业意识和创业能力。通过教育部门的努力，培养出越来越多的不同行业的创业者，就可以为社会创造更多的就业机会，对维护社会稳定和繁荣各项事业就会发挥重大的作用。"

目前，我国高校的创业教育尚处于起步、试点阶段。1998 年清华大学举办了首届"创业计划"大赛。国家教育部在 1999 年 1 月公布的《面向 21 世纪教育振兴行动计划》中首次明确提出："加强对教师和学生的创业教育，鼓励他们自主创办高新技术企业"。同年 6 月，中共中央、国务院《关于深化教育改革、全面推进素质教育的决定》指出："高等教育要重视培养大学生的创新

* 谢志远，温州师范学院；应云进，温州大学。

能力、实践能力和创业精神”。2001 年 7 月在上海举办首届全国大学生创业教育及管理研讨会。2002 年 4 月教育部确定清华大学、中国人民大学等 9 所高等院校为大学生创业教育的试点院校。

综观我国高校大学生创业教育的开展情况，存在许多缺陷和不足。主要表现在以下几个方面：一是缺乏创业教育思想的指导。由于我国现阶段正处在计划经济体制向市场经济体制转变的过程中，高等教育体制改革相对滞后，与市场经济的发展不相适应，反映在大学生的培养规格和指导思想上缺乏创业思维和创新精神的教育，在教育模式上搞统一的刚性教育计划；在教育内容上，以专业为中心，以行业为目标，知识结构单一；在教育方法上，以教师为中心，教师讲学生听，没有立足于学生的学习能力，从而造成社会所需的具有良好的创业能力、鲜明个性和创造思维的人才严重不足，造成现有的大多数毕业生只能被动求职，缺乏自主创业的能力。二是缺乏开设创业教育的系列课程。创业教育在西方国家的大学中已有较长的历史，高校重视培养学生的创业精神，开设系列课程，传授创业知识和技能。例如，在美国的某些大学中开设“企业经营计划”等课程；法国的某些大学设有“企业创办学”等课程。而我国尚未在高校中开设创业教育系列课程，试点的高校仅仅开设了“企业家精神”、“风险投资”、“创业管理”等少数课程。三是缺乏风险投资基金。尽管有一份很好的创业计划书，但在我国现有的环境下，缺少风险投资公司，“巧妇难为无米之炊”，没有资金，再好的创新技术也难以化为现实的生产力。四是大学生缺乏创业试验活动。从最近两年我国大学生创业计划竞赛的情况看，绝大多数大学生不知道如何写创业计划书，对目标市场缺乏了解，分析时所采用的数据经不起推敲，没有说服力等等。大学生中普遍存在眼高手低的现象，在创业过程中除了能“纸上谈兵”之外，对具体市场开拓缺乏经验与相关知识，缺乏从职业角度整合资源、实行管理的能力。

目前，大家对创业教育概念的理解众说纷纭。有的认为创业教育就是培养创业型人才的教育；有的认为，创业教育就是要培养会经商、能创立企业的教育。他们都把创业教育与专业教育相脱节，似乎创业教育只是某种技能或技巧的掌握。当然，设计、创办、经营和管理一个企业或公司无疑是创业和创业教育的重要内容和形式之一，但远远不能涵盖创业教育的全部内容和深刻内涵。创业教育是一种理念，这种理念贯穿于高等学校的课堂教学和课外活动之中。培养学生的创新意识、创造精神和创业能力，使学生毕业后大胆走向社会、自主创业，教育学生学会自我发展的能力，关键是学生创新能力的培养。

开展大学生创业教育，包括课程设置、实践活动、教学体制改革、教育评价模式的改革等。但不外乎一方面是创业思想教育，另一方面是创业技能教育。创业思想教育是创业技能教育的基础。创业思想教育包括创业意识的培养、创业动机的确立和创业心理品质的养成，目的是为了让受教育者形成正确的创业思想。开展创业思想教育，关键一点就是创业意识的培养，使学生变被动接受就业指导为教会学生主动或自主创业。既要鼓励学生敢于在新兴的领域和行业去艰苦创业，也要支持学生敢于自主创业、学会自我发展，培养学生具有创业的胆量、勇气和开拓创新精神。创业技能教育包括创业知识和创业能力两部分。随着科学技术的发展，市场竞争日趋激烈，知识技能在创业中事关成败大局，其地位也越来越重要。在创业之路中，创业知识、创业技能成为能否实现创业目标的决定因素。

二、开展创业思想教育，培养大学生创业意识

（一）教师转变教育观念

在应试教育中成长的学生和习惯于应试教育的教师不容易树立创造、创业、创新等观念。因此，特别要加强对教师创业教育观念的培养，使之在教学中自觉地融入创业意识的教育。要做到这一点，一是要贯彻学生自主学习的个性化原则和多元化的教育质量观。创业能力的培养依赖于创造能力的培养，而创造的源泉和基础是人才的个性化，自由个性的培养首先需要确立多元化的质量观。每一个体在先天的潜能、性格、爱好、志向、才能、适应能力等方面存在很大的差异。多元化质量观要求用一种开放式的、灵活的教育教学体系保护和发展学生的差异和个性，对于学生的不同能力给予同样的重视，允许学生在某些能力上有特殊的发展。只有这样，才能使学生成为具有特色、特长的创造型人才。二是要在探索创业教育的规律上，突破原有的框框，要有一种敢为人先的观念。由于创业教育是针对学生毕业、就业改革的教育，在计划经济条件下，大学生毕业后的就业叫“毕业分配”，在市场经济条件下，大学生毕业后的就业叫“就业指导”，在知识经济时代，大学生毕业后的就业叫“创业教育”。这是一种新型的教育改革，因此要有一种尝试的勇气，要有一种敢为人先的观念，才能取得创业教育的成功。三是要树立全面的创业教育观。创业教育不是单纯地进行创业知识的传授和创

业技能的训练，也是一个素质教育的过程，要从观念上改变为创业而进行创业教育的思想，要将创业教育的思想渗透到高校的各方面教育中，并贯穿教书育人、管理育人、服务育人的全过程中。

（二）要教育培养学生树立一种与市场经济相适应的现代就业观

一要主动就业，不能被动就业。在校学习期间就要有意识地教育学生培养一种“不是让岗位选择我，我能主动选择工作岗位”的现代就业意识，大力倡导探索式的学习、研究式的学习，掌握过硬的本领和专业知识，具有真才实学。有了真才实学的实力，才能在就业市场上掌握主动选择权。目前，高校毕业生一毕业就发慌的原因就在于自己没有真才实学，或者不具备完全适应市场经济发展需要的知识结构。二要积极就业，不能消极。许多学生想凭借父母亲戚朋友关系寻找好单位，首先不是由自己去努力获得，凭自己真才实学竞争得到，而许多没有背景和关系的同学为此而伤心，这是一种不健康的消极就业观。另一种不健康的就业观，表现在毕业生首选大城市，经济发达的区域，首选高工资、高收入的工种，根本没有考虑适合不适合自己的发展和今后创业才能的发挥，存在着从众的心理和“跟着感觉走”的非理性现象。三不能靠竞争现岗，要创造新岗。要学生明确自己今后的就业意向，要选择竞争现岗就业为主，还是要选择自己创造新岗为主，这关系到就业的导向教育。大学生不能是现代社会现有工作岗位的挤占者，不能坐享其成抢占社会有限的就业机会，应该是充分发挥自己的知识优势和能力，创造更多的就业机会和工作岗位，让更多的人就业。如果大学生毕业是社会现有就业机会的竞争者和挤占者，那么在我国这样人口众多的国度里，其他一般性劳动者如何解决就业呢？这涉及教育的根本价值导向和培养大学生的大人才观问题。四是不能靠岗位维持，要靠岗位创新。许多大学毕业生即使找到了工作岗位，因为缺乏创新意识和能力，仅仅是简单地在岗维持，不能为单位创造出更好的局面和工作业绩而丢失就业机会，要学生放弃一找到工作就意味着一劳永逸的念头，而要树立起找到工作仅是创新的开始的职业工作意识。五是不能仅靠岗位就业，根本出路在自主创业。大学生是生产力主体性要素中属于最具发展潜力和后劲的一部分，应该是社会未来先进生产力的物质承担的主体力量，其关键在于大学生毕业后能否成为创新创业型人才。我们要教育学生适应现代就业机制，明白自己今后的选择和根本出路在哪里；就业的运作是靠市场还是靠社会关系；就业的内在决定机制是靠能力还是靠学历；就业的主要渠道是靠政府还是靠企业；就业的根本出路是靠竞争现岗，还是靠自主创业；等等。

（三）培养学生树立敢闯敢试的创业意识

现在学生的父母为了能使孩子达到他们理想中人才的目标——上大学、出国或有一份理想的工作，便按照自己的主观愿望给子女安排好一切。孩子一出生，就被家长推上了理想的轨道，加以严格的控制，丝毫不允许有出轨的可能，为了让孩子有更多的时间学习“知识”，父母包办了生活中的一切事，一些在孩子成长过程中必须要做的事，也成了家长专权，要孩子“一心只读圣贤书”的现象普遍存在。这种过分的包办使学生丧失了许多敢闯敢试意识形成的大好时机。造成现在大学毕业生存在严重的“等靠”思想，普遍缺乏积极主动的择业、创业意识。另外，现在的大学生管理往往强调大一统的管理，强调纪律的重要性，忽视了学生个性的发展，不利于大学生敢闯敢试意识的形成。为此，一要加强大学生的心理素质教育，既能看到自身的优劣、扬长补短，更能毫不畏惧地迎接任何困难与挑战，既要有卓越的胆识，又要有坚强的意志、豁达的胸襟。二要介绍成功创业者的典型事迹，激励大学生敢于创业。

（四）培养学生艰苦创业的意识

现代社会日新月异，许多学生是独生子女，依赖性强，自主性差。据笔者所在学校所做的一项有关学生经济状况调查的统计显示，有80%学生带有手机，每月生活费在500元以上，有些高达2000元，甚至一些特困生一边贷款上学、一边交女朋友，潇洒花钱。艰苦朴素、勤俭节约的观念淡薄，养尊处优的生活心态很普遍。如果对这些学生不进行艰苦创业的教育，一旦他们毕业，就容易造成“眼高手低”、“小事不愿做、大事做不了”的被动局面，为此，要对大学生进行艰苦创业教育。一是要引导大学生处理好勤俭节约与必要的生活改善方面的关系。随着我国经济的发展，适当提高消费水平是必然的，勤俭节约不是要过苦日子。但是讲排场、比阔气、贪图享乐、铺张浪费，不仅不符合国情，而且玩物丧志，失去开拓进取的动力。二是在校园内外开展勤工俭学活动，通过实践使学生亲身感受到“钱来之不易”。三是用温州人艰苦创业、发家致富的典型事迹去激发学生艰苦创业的热情。

三、开展创业技能教育，提高大学生创业能力

（一）改革现有教学体制，培养学生创新能力

学生创业一定要具有四个条件，其一是自主知识产权的创造发明；其二是这一发明能转化为有市场前景的产品；其三是这一产品要有预期的销路；其四要有可靠的资金提供者。有没有自主知识产权成为大学生创业能否成功的首要条件。有关专家指出，现在学生创业失败的多，一个重要原因就是忽视知识、技术的创新。为此，一是学校在培养目标、人才规格的制定上要贯彻加强基础，拓宽专业，注重素质、强化实践教学，注重创新能力培养的思想。在制定培养计划时要树立终身教育和素质教育的观念，努力避免本科教学内容偏窄偏专的倾向，加强通识教育，使学生构建起能够适应社会发展变化需要、不断学习和更新知识的能力，同时，应加强综合性教育，做到文理交叉，拓宽学生的知识面。二是积极开展第二课堂活动，大到创业计划大赛，小到提出一个“新点子”，都应纳入创业教育范畴。带领学生组织好社会调查，从中发现、挖掘新的“点子”；广泛开展劳动实践活动与科技文化服务活动，充分发挥大学生的知识优势和智力优势。三是创设一种创新的社会氛围。可以这样说，目前全社会各个方面到处都存在着一种要求创新的氛围，创新成了一种现代社会发展的前提。江泽民同志在党的十六大报告中明确提出“创新是一个民族进步的灵魂，是一个国家兴旺发达的不竭动力”。培养创新型人才成为社会共识。

（二）开设活动课程，培养学生综合运用知识的能力

一般来说，创业者的知识结构分为三种类型：专业技术知识、经营管理知识和综合性知识。在这三类知识中，经营管理知识、综合性知识在创业实践活动中具有决定性作用。经营管理知识与能力，包括领导科学、组织管理、市场营销、电子商务等；综合性知识能力，包括人际交往、合作共事、公共关系、社情民意调查分析、信息获取、反馈调节等。而这些知识的获得，单纯的学科并不能完全提供。要开设活动课程，围绕活动，为学生提供同时运用多种学科知识、展示多方面才能的机会，从而培养学生综合运用知识的能力。

(三)开展勤工助学,培养学生自立自强的能力

开展勤工助学活动,这是大学生创业的一种重要形式,有利于培养他们自立自强的创业能力。可以发挥自身的知识优势从事家教服务,可以发挥自己的专业优势从事技术服务,也可以从事以体力劳动为主的劳务服务。一些缺乏资金和管理经验等条件的大学生,通过为社会和他人搞勤工助学活动,既可以依靠勤工助学取得一定的经济收入,弥补学习费用不足,减轻家庭经济负担;又可以在实践中培养艰苦创业的精神,增强劳动光荣的意识,磨炼吃苦耐劳的品质,学会自立自强;还可以培养适应社会的能力,增加创业的体验,熟悉社会环境,学会社会交往。

(四)建立良好的创业氛围,提高学生创业能力

一个创业氛围的形成对师生的影响是整体的,潜移默化的。学校要为在校生的创业努力提供多方面的支持。创造条件设立创业基金和创业促进会、联谊会等组织机构,在资金和咨询辅导上为学生提供一定的帮助。开展创业设计、竞赛活动,并创造条件,尽可能地将竞赛中选拔出来的成果向应用端延伸,使学生成果走向产业化。建设高校科学技术“孵化器”和创业示范基地。组建学生创业策划与咨询机构,引导学生创业,使学生明白自主创业有一个锻炼培养与适应期,可以先去企业打几年工,再自主创业;也可以利用弹性学分制,离开学校先自主创业。

(五)突出实践教学,强化学生能力培养

实践教学是实现人才培养目标的重要过程。学校应将人才培养模式、教学组织形式从单一的课堂教学活动扩展到学生自学活动、科学研究活动和现场的生产实践中去,并扩展到社会实践中去,组织他们深入现场,结合实际,接触社会,联系群众,围绕科技难点和社会热点等问题进行调查研究,使教学过程更加贴近社会和生产的实际。还应建立校内实训中心,强化实践教学环节,培养学生的实践能力,为其今后创业实践奠定基础。

(本文发表在《江苏高教》2003 年第 3 期)

2 关于培养大学生就业能力的思考

谢志远*

摘　要：就业是民生之本。由于大学生就业能力不足，造成大学生就业形势严峻。本文提出对于大学生的就业能力来说，基础能力是前提，只有具有一定基础能力，就业才有可能性；专业能力是关键，只有具有一定的专业能力，就业才有可行性；差异性能力是核心，只有具有差异性能力，大学生才能充分就业。

关键词：大学生　就业　能力

就业是民生之本。大学生就业能力如何，日益成为社会、学校、家长与大学生最关注的热点问题。

一、目前我国大学生就业能力现状分析

由于高校扩招，大学生就业难，社会上出现了一种说法——"大学生过剩了"。而实际上，无论从数据统计还是从实际状况看，我国大学毕业生人数不是太多而是太少。目前，我国大学生毛入学率仅17%左右，而美国为82%，日本、英国、法国等发达国家均在50%以上，韩国、印度也在30%左右。我国7亿多庞大的从业人员中，高层次人才稀缺，受过高等教育的仅为5%左右。尽管我国高等教育扩招，但同时我国新的就业机会也在增加。有关部门的统计显示，目前每年社会新增就业机会大约为700万至800万，而每年大学毕业人数则在300万左右。就这一数字对比而言，大学毕业生理应有比较大的就业空间。但2003年全国扩招后第一年，毕业生为212万人，就业率为70%左右。今年毕业生为280万人，就业形势严峻。

---

* 谢志远，温州大学副教授。

根据劳动与社会保障部资深就业专家王英才分析：在当前的就业形势下，“就业鸿沟”问题日益凸显，主要体现在“大学毕业生找不到合适的工作，而企业找不到合适的人才”。出现“就业鸿沟”并不奇怪。中国高等教育体制近几年进行了卓有成效的改革；但在院系、专业和课程设置等方面与市场存在脱节，大学注重专业知识的传授，对就业所需要的职业观念、知识、方法和专业技能等方面缺乏系统性的培养。造成大学生就业所面临的真正困境，是大学生就业能力不足。

大学生就业能力不足主要表现在：一是就业观念滞后。受精英教育的影响，“等、靠、要”思想严重，往往是抱着昨天的就业观念，站在今天，面对明天的就业局面。二是部分专业设置与市场脱节，忽视为地方经济建设服务，往往是教学计划十年如一日。三是培养模式单一，忽视个性化人才的培养，往往是“大一统”的培养模式。四是应聘求职能力欠缺，往往连一些基本待人接物、面试能力都不具备。五是缺乏创新、创业能力的培养。

不管北京大学、清华大学等名牌院校，还是一些不知名的地方院校，都十分重视大学生就业指导工作。综观近几年的就业指导工作，对大学生就业能力培养方面存在不足之处。一是注重应聘技能、技巧等基础性能力的培训，忽视对用人单位特定岗位所需的实际专业性能力的培养，如同注重产品的形象与包装，而忽视了产品的质量；二是注重高年级的毕业面试、就业指导、推荐工作，忽视对大学生的职业生涯规划设计；三是注重就业政策、信息的公布，忽视对学生个体进行“一对一”的指导；四是注重校内就业指导师的指导，忽视与校外人才公司合作，进行就业指导市场化运作；五是对就业能力的概念认识不清，只理解为应聘的能力，而忽视了就业能力是一种与职业相关的综合能力。

二、培养大学生就业能力的意义和作用

就业是民生之本。培养大学生就业能力，体现了当前社会求才、大学生个人成才、高校育才等多方面的需要，对高校、大学生、社会有极其深远的意义。

（一）培养大学生就业能力，是学校培养人才的方向

高校以培养全面的劳动者为己任。在高校招生的激烈竞争下，毕业生就业率的高低直接影响学校的规模、质量和发展前景。特别是在当前国家

及省教育主管部门每年公布学校一次性就业率，并明确提出对就业率低的专业或学校予以黄牌警告、停止招生等处罚。学生就业能力的高低不仅决定了个人的生存和发展，实际上也决定了高校的生存和发展。所以，培养大学生就业能力，是学校培养人才的方向。

（二）培养大学生就业能力，是大学生实现理想与自我价值的阶梯

学生在校学习期间，要以出色的就业能力为己任，要清醒地认识到“身无本领，毕业等于失业”，“不看文凭，看能力”，认识到只有练就过硬的就业能力，才能为自己找到理想的生存环境，进而达到服务社会和实现自我价值的统一。如果大学生不能就业，就会成为社会的负担，谈不上自我价值的实现，更谈不上报效祖国。培养大学生就业能力，使大学生的个人理想和奋斗目标更加现实具体。

（三）培养大学生就业能力，促进社会繁荣稳定

党中央、国务院高度重视高校毕业生就业工作。胡锦涛总书记多次做出重要指示，强调高校人才培养质量与就业工作关系全体高校毕业生的切身利益，要求各级党委、政府以及有关部门全力以赴抓好，各高校领导班子要把人才培养质量和毕业生就业工作纳入重要议事日程，将其作为“一把手”工作，抓在手中，落到实处。培养大学生就业能力，使大学毕业生充分就业，促进社会繁荣与稳定。

三、大学生就业能力的培养

就业能力这一概念源于就业，但随着研究和实践的进展，这一概念远远超过了就业本身。国内外常用的几种定义或描述有：所谓就业能力是指大学毕业生在校期间通过知识的学习和综合素质开发而获得的能够实现就业理想，满足社会需求，在社会生活中实现自身价值的本领[①]。也有的是指人们从事某种职业所具备的能力，包括基本就业能力与特殊能力。美国教育与就业委员会关于就业能力的定义：就业能力是获得和保持工作能力，进一步讲，就业能力是在劳动力市场内通过充分的就业机会，实现潜能的自信。尽管就业能力的定义各不相同，但总的说来，就业能力是一种与职业相关的综合能力。笔者认为，大学生的就业能力是指在校期间通过学习或实践而获得工作的能力，它包括保持工作以及晋升的能力。

就业能力是一种综合能力。关于就业能力具体包括一些什么能力，至今研究仍没有定论。有的认为，在内容上，它包括学习能力、思想能力、实践能力、应聘能力和适应能力等[③]。有的认为，使大学生顺利就业应具备五个要素：一是就业动机及良好的个人素质；二是人际关系技巧；三是掌握丰富的科学知识；四是有效的工作方法；五是敏锐的广阔的视野[④]。还有的研究认为，就业能力的关键项目包括责任感，找工作和得到工作的技能，推理和问题解决能力，健康和安全习惯，个人特质等等。根据个人的理解和这几年学生就业指导工作实践经验的总结，笔者认为，就业能力包括基础性能力、专业性能力和差异性能力三个方面。其中，基础能力包括人际交往能力、正确的就业动机、应聘能力、适应能力等，相当于"产品的包装形象"；专业能力包括专业知识、职业岗位所需的特殊技能等，相当于"产品的质量"；差异性能力包括个性化、创新性与创业性，相当于"产品的核心竞争力"。

对于大学生的就业能力来说，基础能力是前提，只有具有一定的基础能力，就业才有可能性；专业能力是关键，只有具有一定的专业能力，就业才有可行性；差异性能力是核心，只有具有差异性能力，大学生才能充分就业。

(一)基础能力的培养

在现实生活中，基础能力显得尤为重要。根据美国一份有关失业的研究报告显示，失业者中90%的人不是因为不具备工作所需的专业能力，而是因为不能与同事、上司友好相处，或者经常迟到早退。基础能力的培养途径一般有转变学生就业观念、提高人际沟通能力、加强学生职前培训等。

首先应转变学生就业观念。通过就业形势分析会，专业就业情况通报会和学生家长就业工作座谈会和教育培养学生树立一种与市场经济相适应的现代就业观。一是要主动积极就业，不能被动"等、靠、要"消极就业；二是要靠着岗位创新，不能靠岗位维持，教育学生放弃一找到工作就意味着一劳永逸的念头，要树立找到工作仅是创新开始的职业意识；三是不仅能靠岗位就业，而且还能自主创业，创造新岗位，让更多的人就业。

其次应提高人际沟通能力。仅有出色的专业技能和深厚的知识储备还不足以缔造成功的事业，擅长与人交往十分重要。缺乏与人有效沟通的技巧会限制事业机会和发展。沟通的技巧包括善于倾诉、选择适当的交流方式(如电话、电子邮件、会面等)、联络的时机、解决问题的能力以及在交流中突出重点。大学生在人际交往中存在不自信羞于开口、不尊重他人、不善于交流、个性强不合群等问题。通过对大学生的人际交往培训、课前五分钟演讲等第二课堂活动的开展，使大学生不仅具有良好的沟通技巧，而且还具有很好的团队协作精神。

最后应加强职前培训。由于市场竞争激烈，很多用人单位都希望招聘的人是一来就能用的“成品”人才，“半成品”人才都不太愿意要，刚走出校门的毕业生只能算是“毛坯”人才，缺乏行业知识、企业知识、职业规划、职业心态、求职技巧，缺乏应有的基础职业素质，难以适应职场的要求。通过与校外人才公司合作，成立大学生职业素质训练营，借用完全专业化的机构，开展大学生职业规划设计、应聘技能培训、现场职业指导会等系列活动，帮助大学生客观分析自己，获得职业信息、掌握求职方法、避开择业误区。并且，给毕业生请来内行的“就业指导师”，针对个人进行“一对一”指导，填补大学生学习和就业之间的空白。

(二)专业能力的培养

随着高等教育大众化的逐步实现和高等教育改革的不断深入，高等教育外部环境发生了很大变化，社会对人才提出了许多新的要求，专业人才培养方案在许多方面表现出不适应，如与地方经济发展联系不紧密，社会适应能力不强等。专业能力的培养要以市场为导向，培养特色人才。

首先，以市场为导向，面向企业，使之适应社会需求。适应社会发展变化需要，改革现有课程体系。在培养目标、人才规格的制定上注意加强基础，拓宽专业，注重高素质、强能力、会创新、能创业学生的培养计划，以市场为导向，使学生构建起能够适应社会发展变化需要，具有不断学习和更新知识的能力。针对加入 WTO 后，与国际交往日趋增加，增设专业英语选修课程等。加强与企业社会的联系，提高学生社会适应能力。建立学生见习、实践实习基地，聘请企业高级技术人员作为指导师，增进与企业、社会的交往，通过暑期实践供需见面会，向企业推荐优秀大学生等形式，培养学生的社会适应能力。

其次，培养特色人才，使之适应社会需求。培养特色人才对地方院校来说具有重要意义。因为，地方院校在人才培养过程中不仅根据全国同类院校的基本要求实行规范化教学，而且还要面向当地实际，主动为当地的经济建设和社会发展服务，从而形成自己的办学特色。例如，在温州办设计专业，就要发挥在温州的优势。由于温州是中国鞋都，有 3000 余家鞋厂，2003 年工业产值为 385 亿元，全国市场占有率在 25%以上，需要大量鞋样设计师。而设计专业是浙江省招生最多的专业之一，2003 年招收本科生为 4100

余名。另外，全国仅有陕西科技大学一所本科院校开设鞋样设计专业，学生的实习就业地点大都选在温州。如何培养设计专业的特色人才，使之适应社会需求。我们认为在温州培养设计专业鞋样设计专业方向是一条很好的专业建设之路。在2004年毕业生中，大部分学生在康奈、奥康、吉尔达等大型知名企业集团就业，具有很好的发展前景。

(三)差异性能力的培养

现代社会是一个分工高度发达的社会。在这样一个社会中，就业就是要找到适合于自身的分工位置，是自身特长和需要与社会需求在分工结构中的有机结合。而分工的一个重要特性就是工作性质的差异性。这种差异性客观上要求劳动者的知识与能力具有差异性，或者说劳动者的能力具有个性特点，这种差异性体现在“人无我有，人有我优”等方面。如同产品的差异性，要么是价廉物美，要么是物超所值，只有具有这种差异性，才能更具有核心竞争力。如某公司需要一名既懂设计又会英语交流的设计师，若具备这种英语交流的实力，就会在一大批设计毕业生中脱颖而出。所以，应注重培养个性化人才及学生创新与创业的意识。

首先，培养个性化人才。高校要构建个性化人才培养模式，就要确立相应的具有个性色彩的人才培养方式，包括专业设置、课程结构、教学形式、学时分配、学历层次等。首先是允许各专业为“偏才”、“怪才”或某些方面有特殊兴趣的学生单独制定培养方案，允许确有特长的学生自由选择专业。其次推行双学位制和主辅修制，针对学有余力的学生在主修一个专业的基础上辅修另一个专业。第三，对英语、计算机等公共课实行分级教学，有利于学生的培养。第四，增大学生对学习课程的选择性，增加选修课的数量。第五，在选修课中设计扩展型、考研辅导型、就业服务型等课程，使学生各取所需。

其次，开展各种竞赛活动，培养学生的创新精神。新能源的开发、新技术的发明、生产工具的革新，不仅要求人们具备更高的科技知识，而且要求人们打破旧的传统观念，解放思想、开阔思路，树立创新意识。而部分高校仍以知识灌输为主要教育手段，离开了教师离开了教科书学生就不会独立思考。为此，应引导设计专业的在校大学生参加全国广告大赛、鞋样设计大赛等活动，组织院系进行设计创新比赛活动，培养学生的创新精神。

最后，尝试开展创业教育，提高大学生创业意识与能力。现在大多父母为了能使孩子上大学、出国或有一份理想的工作，煞费苦心地为孩子安排好一切。这种过分包办的做法使学生丧失了许多敢闯敢试意识形成的大好时机。另外，学校也忽视对学生创业意识的培养。为此，一是开设大学生创业选修课程，掌握基本的创业知识；二是邀请校友创业成功者谈创业经历，激励大学生敢于创业；三是开展大学生创业计划大赛，创业论坛等活动；四是成立大学生创业基金，由红蜻蜓集团捐资100万元成立温州市首家大学生创业基金；五是成立大学生创业中心为学生的创业提供活动的服务平台。我们成立了温州市首家大学生创业中心，下设学生画廊、设计工作室，件制作室等7个工作室，让学生自负盈亏进行经营，使学生的创业能力得到提高。

（本文系浙江省社会科学界联合会2004年课题研究成果；发表在《教育发展研究》2005年第1期）

第二章

创业精神研究

1 温州人创业精神对大学生创业教育的启示

谢志远*

摘　要：温州经济的最大优势是温州人经济。温州改革开放30年来的经济发展一再证明，解决就业的根本出路在于温州人的自主创业。对温州企业家的创业过程进行研究，可以为大学生就业创业提供有益的启示。高等教育走向大众化后，大学生就业的根本出路在于自主创业，高校有计划地开展大学生尝试创业，对大学生进行创业意识、创业能力培养与锻炼，使大学生毕业后一走出大学校门就已经具有一定的创业能力。研究温州人创业精神对大学生创业教育的启示，对大学生创业教育具有重要的借鉴意义。

关键词：温州人　创业精神　创业教育

近年来，大学毕业生的就业问题日益突出。这就要求高等院校一方面要不断提高人才培养质量及其社会适应性；另一方面要加强对大学生的创业教育，使高校毕业生不但能更好地就业，还要能创业，能创造更多的岗位以使更多的人能够就业。江泽民同志在第三次全国教育工作会议上的讲话中指出："要帮助受教育者培养创业意识和创业能力。通过教育部门的努力，培养出越来越多的不同行业的创业者，就可以为社会创造更多的就业机会，对促进社会经济发展、维护社会稳定和繁荣各项事业都将发挥重要作用。"

---

* 谢志远，温州大学副教授。

一、在温州进行大学生创业教育的意义与优势

(一)在温州进行大学生创业教育的意义

在温州进行大学生创业教育的意义。一是总结温州人创业精神,指导大学生创业教育。“敢为人先”是温州人创业精神的集中体现。在人均耕地少、国家投入少、可用资源少,交通条件差的条件下,温州的发展却创造了诸多的全国第一,靠的就是温州人敢为人先的胆识和气魄。善于创业的“温州人”成为温州这座城市的特有品牌,是温州活力的源头,是温州勃勃生机的集中体现。用温州人的创业实践、创业事迹、创业精神指导大学生创业教育,促进创业教育的实效性。二是加强大学生创业教育,提升温州活力。近四五年来,全省和全国经济一路高歌猛进,高速增长。相比之下,温州经济则是发展缓慢,增长乏力,增长速度严重下滑,位次退到了全省 11 个地市的最后几位。笔者认为,改革开放 30 年来,温州形成了以中小企业为主体的经济体系。可以说,温州经济发展的源头在中小企业,活力在中小企业,希望也在中小企业。近几年来温州经济发展明显放慢,增长乏力,其根本问题在于温州中小企业出现了创业活力明显下降的苗头。加强大学生的创业教育,引导大学毕业生进行自主创业,把大学生创业教育与当地的产业发展战略以及产业结构调整和升级结合起来,引导毕业生开辟新产业、新行业,进入新领域,有助于获得当地政府和中小企业的资助和支持,同时也有利于提升当地产业的竞争力,实现教育为当地经济、政治、文化发展服务的目标。

(二)在温州进行大学生创业教育的优势

在温州进行大学生创业教育的优势。一是温州区域文化中具有强烈的创业文化基因。自北宋以来,温州就形成了“其货纤靡,其人多贾”的经商传统,形成了经世致用的价值取向,经过以叶适为代表的永嘉学派的理性提炼,促进了区域商业文化的形成,成为温州人身上的文化基因。在市场经济的激发下,温州区域文化中的商业文化基因得到了重新恢复和发展,形成了人人讲创业、人人想当老板的创业精神。因此,可以说,温州本土的大学生身上大多具有创业的意识和梦想。二是温州是全国创业活动高度活跃的区域,民众中已经形成创业机制。到 2003 年,温州市个体工商户达 22 万户,民营企业逾 13 万家,民营企业数量占全市工业企业总数的 98.8%,总产值占

全部工业总产值的96%，上缴税收占全市财政收入的70%，外贸出口额占全市外贸出口总额的95%以上。如果用全球创业观察(GEM)的创业活动指数来衡量，温州恐怕是全国创业活动最活跃的区域。人人经商办厂，创业致富，不仅成为人们生活出路的根本选择，而且成为人们的创业目标和价值理念。温州经济是老百姓经济，经过市场经济二十几年来的发展，温州人中已形成自主创业的动力机制。因此，温州本土的大学毕业生自主创业的现象比较普遍，而且有许多成功的案例。三是温州中小企业众多，已形成企业家培育机制。家家培养能人，即使哪一家没有能人，也要千方百计培育出能人。许多中小企业创业者的成功为温州社会树立了榜样，使更多的优秀社会人士选择自主创业，形成了你追我赶的创业大竞赛，通过市场经济的自然筛选，有人成功，也有人失败，有人选择退出，有新人选择进入，源源不断地培养出创业家和企业家。而在温州，能成为企业家则是大学生追求的目标和梦想。因此，必须因势利导，开展大学生创业教育，激发大学生创业热情，增强创业意识，培养和提高创业技能和素质，引导大学生参加创业实践。况且，许多温州企业家已出现接班人问题，他们渴望高校开展大学生创业教育，希望自己的子女既拥有较高的文化素质，又具有像他们那样的创业精神，毕业后来接自己的班，实现企业的再成长。

二、温州人创业精神的内容与原因分析

(一)温州人创业精神的内容

从温州人来说，温州最大的资源是温州人。温州人通过艰苦创业，已经形成一种温州人精神：一是恋乡不守土。温州750万人口，每5个人当中就有1个在外地经商，他们生活在别处，成功在他乡，建立了庞大的社会关系网络。二是敢冒风险知进退。温州人胆大包“天”，胆大包“地”，胆大包“海”，开拓创新意识很强。三是自信不自满。温州人不仅敢做他人没有做过的事情，而且能够做成别人不容易做成的事情。他们做事比较理性、低调和务实，对自己事业的成功不爱炫耀，对自己拥有的财富不做宣扬，而且非常注重自身学习。四是重利不守财。温州人特别能吃苦，只要有钱赚，再苦再累的活也愿意干。但是，温州人不是把赚钱作为人生的唯一目标，富起来的温州人也把回报社会作为一种追求，作为实现自身价值的一种方式。也有的认为，一是吃苦精神，二是冒险精神，三是创新精神，四是敬业精神，五是诚

信精神。笔者从大学生创业教育的角度，整理出温州人创业精神具有以下六方面：

一是特别能自主的创业精神。不管是正泰与德力西，还是康奈与奥康，他们都是白手起家。温州人从20世纪80年代走南闯北做补鞋匠、贩卖衣服、弹棉花、鼓捣小五金小塑料开始，不以物小而放弃，不以利薄而不为。温州市委、市政府尊重温州人自主创业的特色，并由此形成了“自主改革、自担风险、自我发展、自强不息”的“四自”精神。

二是特别能吃苦的创业精神。“温州人白天当老板，晚上睡地板”，吃苦耐劳的精神是温州人的骄傲。创业初期，温州人所吃的苦是常人无法想象的。走南闯北大部分时光在挤火车、汽车中度过，没有位子坐，就钻到别人的椅子底下，打地铺更是家常便饭。不畏劳苦，艰苦创业，是温州人的执着追求。江泽民同志曾这样评价温州人：“沿海赋予他们这种开放的精神，冒险的精神，最主要的是温州人能吃苦。”改革开放初期叫做“四千”精神，就是历经千辛万苦、说尽千言万语、走遍千山万水、想出千方百计发展商品经济。

三是特别敢于冒险的创业精神。温州人不仅在温州本地创市场，而且跑到全国各地办市场、闯市场，甚至把市场直接拓展到国外。“哪里有市场，哪里就有温州人；哪里没有市场，只要有温州人就可开辟出新市场”。总而言之，温州人具有特别能开拓市场的闯劲和冒险精神，正是具有这种创业的闯劲，使温州人在竞争激烈的商海中有了自己一席之地。把它概括为“敢为人先、特别能创业”。

四是特别能创新的创业精神。改革开放30年来，温州人敢为天下先，成功地走出了一条脱贫致富的区域经济发展之路。事实上，改革开放过程中出现的许多新事物如金融浮动利率、股份合作经济、农民进城等等，都是由温州人先吃第一口，先迈第一步，然后推向全国的。温州人发展市场经济所形成的许多先发优势，都是由温州人敢为天下先所取得的，它体现了温州人一系列的全国第一。如第一批发放的个体工商户执照，第一个专业性小商品批发市场（永嘉桥头纽扣市场），第一批股份合作制企业，第一个集资建造的飞机场，第一个开辟的经营包机航线等等。据统计，共有20来项全国第一，到现在是金融改革试点城市。这些都体现了温州人特别能创新的创业精神。

五是特别讲求合作的创业精神。对于温州人来说，人际关系网就是信息网、生意网。有很多温州人发展生意就是从发展关系网入手的。当温州“小商品，大市场”形成之际，有数十万温州人在全国各地推销产品。当时在推销员之间，流行两句口头禅："先把个人化的关系搞定，再做生意"；"只要有关系，就没有关系了"。

六是特别务实的创业精神。温州人做生意，注重从小处着手。他们务实苦干，只要有一分钱就会不遗余力地去干，从不好高骛远，从不好大喜功。从零做起，一步一个脚印，踏踏实实、一丝不苟，是温州人创业的共同特点，而不像有些地方的人大钱赚不来，小钱不愿赚，只好两手空空，一味抱怨天不助我。

(二)温州人创业精神的原因分析

一是受永嘉学派的影响。温州的区域文化中有提倡功利、重商、富民的传统。早在宋代，就形成了一种有别于传统儒家文化的区域文化——"永嘉学派"。它反对"重义轻利"、"重农轻商"的儒家观点，主张经世致用，提出"利义并重"，强调"工商皆本"，呼吁朝廷给商人以政治和社会地位。这是对当时温州商品经济普遍发展与繁荣而产生的自发性市民意识的自觉的理性加工和提炼，反过来又促进和引导这种市民意识的形成和发展，并成为历史上温州市民意识的区域文化基因。深受这种区域文化熏陶和潜移默化影响的温州人形成了重实际、讲实利、求实效的思维方式，形成了敢于思考、敢于进取、敢于创新、敢于冒险、敢于竞争的思想意识。

二是受地理位置的影响。从地理形态上看温州，可谓三面环山一面临海。看山则山势险峻，多为高山深壑，又有如天堑横隔的瓯江和飞云江，交通因而闭塞。"天兵不至"的温州，就成了难民躲避战争的最佳去处。这样一代传一代，温州人口很早就过度膨胀。人口多加上自然条件本来就不好，小小的一块土地自古就不堪负荷了。解放后，温州农民已经是人均只有三分土地。靠这三分地饿不死就不错了，更别说成家立业。温州人创业的内在驱动力来自人的需要。这种"需要和享受是由社会产生的"，"具有社会性质"。马克思把人的需要划为生存需要、发展需要和享受需要。这三方面需要具有追求的层次性。马克思说："在现实世界中，个人有许多需要"。温州人创业，其内在动因也就是来源于这三方面的需要。也许是过去穷日子过怕了，温州人追求发家致富、追求物质享受方面的动力表现得特别强劲。由此，才能理解温州人何以会不惜背井离乡闯天下。

三是受移民文化的影响。温州的形成本身就是历朝历代移民的结果，因而瓯越文化也就是由温州本土文化、移民文化、海洋文化等相碰撞融合而成的。可以说，温州文化积淀中的移民文化深深地烙刻在每位温州人的身上，成为温州人内在的移民文化基因。因此，温州人有着四海为家、敢走四方的气概和勇气。

四是受群体精神的影响。温州人外出经商有一个特点：先是一些人在各地流动寻找商机，一旦发现了赚钱的机会，首先便是写信回家搬兵，把赚钱的机会推荐给家乡亲友。家乡的亲友来到后，又召来他们各自的家乡亲友，于是便很快在一个陌生的城市中形成了温州村、温州街，甚至温州城。温州人之所以有这种做法，是基于这样的好处来考虑的：一方面是亲情，另一方面就是利益。

三、温州人创业精神对大学生创业教育的启示

开展大学生创业教育，包括课程设置、实践活动、教学体制改革、教育评价模式的改革等。但不外乎一方面是创业思想教育，另一方面是创业技能教育。创业思想教育是创业技能教育的基础。创业思想教育包括创业意识的培养、创业动机的确立和创业心理品质的养成，目的是为了让受教育者形成正确的创业思想。开展创业思想教育，关键一点就是创业意识的培养，使学生变被动接受就业指导为教会学生主动或自主创业，培养学生具有创业的胆量、勇气和开拓精神。有的认为，开设创业课程，开展创业教育是提高大学生创业意识的主渠道。也有的认为，通过学科教育、环境熏陶、活动培养、实践锻炼培养大学生的创业意识。笔者认为，借鉴温州人创业精神，提出培养大学生创业意识，应具有以下六方面的内容。

（一）培养大学生自主的创业意识

一是不能靠竞争现岗，要创造新岗。要大学生明确自己今后的就业意向，要选择竞争现岗就业为主，还是要选择自己创造新岗为主，这关系到就业的导向教育。大学生不能是现代社会现有工作岗位的挤占者，不能坐享其成抢占社会有限的就业机会，应该是充分发挥自己的知识优势和能力，创造更多的就业机会和工作岗位，让更多的人就业。二是不能靠岗位维持，要靠岗位创新。许多大学毕业生即使找到了工作岗位，因为缺乏创新意识和能力，仅仅是简单地在岗维持，不能为单位创造出更好的局面和工作业绩而丢失就业机会，要学生放弃一找到工作就意味着一劳永逸的念头，而要树立起找到工作仅是创新开始的职业工作意识。三是不能仅靠岗位就业，根本出路在自主创业。大学生是生产力主体性要素中属于最具发展潜力和后劲

的一部分，应该是社会未来先进生产力的物质承担的主体力量，其关键在于大学生毕业后能否成为创新创业型人才。

(二)培养大学生创新的创业意识

传统的应试教育只注重传统知识和应试技巧，而忽视学生创新能力的培养。学生在课堂上基本上都是被动接受，课下死记硬背，为了应试而学习，严重抑制了创新意识的发展。一是学校在培养目标、人才规格的制定上要贯彻加强基础，拓宽专业，注重素质、强化实践教学，注重创新能力培养的思想。在制定培养计划时要树立终身教育和素质教育的观念，努力避免本科教学内容偏窄偏专的倾向，加强通识教育，使学生构建起能够适应社会发展变化需要、不断学习和更新知识的能力，同时，应加强综合性教育，做到文理交叉，拓宽学生的知识面。二是开设活动课程，提高学生创新能力。积极开展第二课堂活动，大到创业计划大赛，小到提出一个“新点子”，都应纳入创业教育范畴。带领学生组织好社会调查，从中发现、挖掘新的“点子”；广泛开展劳动实践活动与科技文化服务活动，充分发挥大学生的知识优势和智力优势。

(三)培养大学生冒险的创业意识

现在学生的父母为了能使孩子达到他们理想中人才的目标——上大学、出国或有一份理想的工作，便按照自己的主观愿望给子女安排好一切。孩子一出生，就被家长推上了理想的轨道，加以严格的控制，丝毫不允许有出轨的可能，为了让孩子有更多的时间学习“知识”，父母包办了生活中的一切事，一些在孩子成长过程中必须要做的事，也成了家长专制，“一心只读圣贤书”的现象普遍存在。这种过分的包办使学生丧失了许多敢闯敢试创业意识形成的大好时机。一要加强大学生的心理素质教育，既能看到自身的优劣、扬长补短，更能毫不畏惧地迎接任何困难与挑战，既要有卓越的胆识，又要有坚强的意志，豁达的胸襟。二要介绍成功创业者的典型事迹，激励大学生敢于创业。

(四)培养大学生艰苦的创业意识

现代社会日新月异，许多学生是独生子女，依赖性强，自主性差。据笔者所在学校所做的一项有关学生经济状况调查的统计显示，有 80％学生带有手机，每月生活费有 500 元以上，甚至有些高达 2000 元，连一些特困生都一边贷款上学、一边交女朋友，潇洒花钱。艰苦朴素、勤俭节约的观念淡薄，养尊处优的生活心态很普遍。要对大学生进行艰苦创业教育。一是要引导大学生处理好勤俭节约与必要的生活改善方面的关系。随着我国经济的发展，适当提高消费水平是必然的，勤俭节约不是要过苦日子。但是讲排场、比阔气、贪图享乐、铺张浪费，不仅不符合国情，而且玩物丧志，失去开拓进取的动力。二是在校园内外开展勤工俭学活动，通过实践使学生亲身感受到“钱来之不易”。三是用温州人发家致富的典型事迹去激发学生艰苦创业的热情。

(五)培养大学生务实的创业意识

创业教育注重有关内容的体验，通过这种体验使被教育者获得创业的感性认识，是创业教育成功开展的前提条件。美国国家独立企业联盟调查研究表明：2/3 的企业家来自拥有企业的家庭，原因是他们能够获得有关企业的感性认识和创办企业的意识。因此，对于我们来说，创业教育的开展就是要有意识地指导学生有效地进行有关创业的体验，从而激发起学生的创业意识。一是充分利用社会资源，加强与社会的联系。我们培养的学生能否在社会上有立足之地，能否适应社会，能否创业？我们不能关门办学，而应该让学生到企业、公司中去，强化实践教学。二是开展勤工助学，培养学生自立自强的能力。开展勤工助学活动，这是大学生创业的一种重要形式，有利于培养他们自立自强的创业能力。可以发挥自身的知识优势从事家教服务，可以发挥自己的专业优势从事技术服务。三是建立大学生创业中心，开展大学生创业活动。经过创业实践活动，同学们的能力得到提高，知道怎样与客户打交道，怎样引导客户想法，使客户满意，社会活动能力得到加强。

(六)培养大学生合作的创业意识

家庭、学校以选拔为主的应试教育的导向片面强化竞争精神的影响。现在的学生从小学、中学到大学都曾面临一系列竞争。残酷的升学竞争、未来预期的巨大就业竞争压力也进一步强化了大学生的竞争意识。一些大学生甚至为了评上各种先进、奖学金或入党，相互间展开不正当的竞争。竞争精神被强化的同时，合作精神被淡化了，从而导致合作精神不足，而企业、社会更重视团队精神。国外的大公司对新录用的员工往往要进行团队合作精神的训练。培养大学生的合作意识应渗透到大学教育的方方面面，从校园文化活动到社会实践，培养学生的合作能力。

四、利用温州地方优势,引导大学生创业

高校应注重激发大学生的创业欲望,培养创业意识,并在大学的整个教学过程中采取渗透和结合的方式积极进行创业意识和创业能力培养。只有这样,才能使大学毕业生具备生存能力、竞争能力,既可寻找合适的岗位去就业,又能在求之不得或为了要求更好的自我发展机会时走向自主创业的道路。温州民营企业多,经济活跃,处处充满商机。如何结合温州地方特色,培养大学生创业能力,我们尝试开展以下四方面工作。

(一)紧密结合地方特色,制定人才培养发展方向

紧密结合温州的地方特色,充分发挥在温州的优势,这才是发展的不竭动力。比如设计专业,全国各个美术学院都在办这个专业,并且扩招了很多学生,怎样才能使自己的专业办得有特色、有活力,在市场竞争中立于不败之地?考察了温州的鞋厂,大大小小共有3000余家,温州需要大量的鞋样设计师,尽管有温州高职院、浙江东方学院有鞋样设计专业学生,但他们都是高职类院校,培养的是技师,我们是本科,培养的是设计师。另外,全国就只有西北科技大学有鞋样设计的本科生,但他们在西安,他们的学生也要在温州实习、就业,而我们则占地利优势,提出艺术设计专业鞋样设计方向。现具有很好的发展前景,聘请了康耐、奥康、吉尔达等鞋业的老总和部分设计师作为兼职教授。成立了中国鞋都信息中心,还建立中国鞋都信息中心网站,发布有关鞋业信息与学生设计作品;建立做鞋实训车间,要把学生培养成国内一流的鞋样设计师。

(二)充分利用社会资源,营造浓厚的校园创业氛围

一是强化实践教学。我们培养的学生能否在社会上有立足之地,能否适应社会,能否创业?我们不能关门办学,而应该让学生到企业、公司中去,强化实践教学。通过校友的关系,建立了在温州办厂的校友定期交流会。其次,主动出击,向温州的公司散发毕业生的情况,诚聘实践、实习基地,聘请企业人员,作为实习指导师,使我们培养的学生具有较强的社会适应能力。此外举办专业暑期实践招聘会,企业与学生双向选择,将就业市场的双向选择机制引入在校学生的社会实践中。二是学校通过组织开展创业学术报告、讲座、研讨、辩论、科研竞赛、创业交流和科技创新活动,来营造浓厚的

校园创业氛围。通过邀请创业的专家学者到校讲学、成功的创业者到校作报告，使大学生从不同角度接受创业教育。

(三)开设创业课程，提高大学生创业能力

通过开设创业教育课程，进行系统化的创业教育，来培养大学生创业意识和创业能力。通过这种教育体验，使被教育者获得创业知识和感性的认识，是创业教育成功开展的前提条件。创业课程涉及的内容很宽泛，以培养创业意识和创业能力为核心，涵盖了创业知识教育、创业意识教育、创业素质教育、创业能力教育，这些内容有的在其他课程中有所渗透，但要真正形成完备的创业能力，还必须设置创业教育课程，进行专门化教育。例如：温州大学专门开设了有关创业教育的选修课。

(四)开展挑战杯创业大赛，激发创业的激情

学校通过组织大学生挑战杯创业大赛，来营造良好的创业氛围，培养创业意识，提高创业能力，激发创业的激情。学校要借助全国大学生创业计划竞赛的载体，根据学校的实际情况每年举办一次创业设计大赛。通过举办大学生创业计划书大赛，一方面使学生将创业理论知识和创业实践相结合，另一方面改变了学生传统的就业观念。

(本成果系浙江省温州市 2005 年科技计划软科学研究项目，编号 R2005A38；发表在《社会科学战线》2006 年第 6 期)

2　温州大学生与其他地区大学生创业意识比较分析

谢志远　林　茹　曾维华*

摘　要：本文试图通过对温州大学生与其他地区大学生创业意识的比较分析，来阐述利用温州地方优势，开展大学生创业教育。用温州人的创业精神去指导大学生创业意识的培育，使大学生具有温州人的创业精神，对当前的大学生创业教育具有重大的现实意义。

关键词：大学生　创业

创业意识是创业主体自觉进行创业实践活动的心理倾向，它是创业素质结构中的物质基础和先天条件。对大学生进行创业教育，最重要的是让其具备创业意识。一个人只有始终保持这种意识，使自己的一切行为受这种意识的支配，才能不断地去创新，从而成为一个成功的创业者。

我国大学生创业比例比较低，不到毕业生总数的1%，而发达国家一般占20%—30%。清华大学创业中心的调查报告显示，在创业教育问题上，中国的平均水平低于全球创业观察(GEM)统计出的全球平均水平，也就是说，创业意识比较低。

一、温州大学生创业意识现状

一是温州大学生的创业意识高于其他地区大学生的创业意识。2005年5月，由温州大学美术学院大学生创业中心组织的一项有关大学生创业的问卷调查，面向温州高校，发放问卷1000份，收回859份，有效问卷829份。回

---

* 谢志远，温州大学副教授；林茹，杭州职业技术学院副教授；曾维华，温州大学教授。

收率为83%。调查表明,温州大学生具有较浓的创业意识。约有83%的大学生表示会考虑创业,这说明温州大学生群体的创业意识较强;约有9%的大学生会选择出国创业,觉得出国发展空间大,这由于温州是一个侨乡,在国外的温州人约有50万,这是一个广泛的可利用资源;并且这种创业意识的形成主要来自身边事例的影响,有43%的学生选择了家庭的影响,有29%的学生选择了朋友或身边人的影响。

二是温州大学生的创业实践高于其他地区大学生的创业实践。约有30%的温州大学生正在进行形式多样的创业活动,如家教、勤工助学、网页设计、商品代理等等,与其他地区大学生的创业实践不到3%形成鲜明的对比。这与温州市场经济发达,充满创业商机有关。据初步统计,在温州2005年大学毕业生中,选择自主创业的人数占毕业生的5%。然而据相关资料显示,其他地区大学生最终能下决心走上创业这条路的不足2%。

三是在温州高校就学的温州籍大学生的创业意识高于在温州高校就学的其他大学生的创业意识。在温州高校就学的温州籍大学生明显具有敢闯敢试、独立自主、经营管理等创业意识。有的大学生在校就创办公司,温州大学管理学院一位学生创办"学子卡"发行公司,就是成功的一例。有的休学创业,2005年温州大学就有9位同学休学创业,其中一位创办服装企业,已有员工50余人,年收入在20余万元。

四是在温州就学的大学毕业生更善于创业。在2006年温州大学针对浙江省的温州大学校友进行走访活动,校友们无不觉得在温州就学期间感受到的商业气息和浓郁的经商氛围。在对126位校友书面问卷调查中,80%以上的校友认为,温州大学不仅传授了知识,更重要的是让自己学会了独立开拓的能力和经商意识。据温州大学美术与艺术设计学院的调查表明,30%以上的美术与设计专业的毕业生开办工作室或企业,进行自主创业。

二、其他地区大学生创业意识现状

从近三年发表的大学生创业教育论文的情况来看,关于大学生创业意识调查的文章有四篇,分别来自华东师范大学、南昌大学、西北大学和广东梅州嘉应学院对本校或本地区大学生创业意识的调查。综合他们的调查情况,将现状分析如下:

一是虽有一定的创业意识,但缺乏主动创业意识。

对大学生创业意识调查表明,约有70%以上的大学生会考虑或认同创业，但这种创业的动机来源于大众传媒的影响，存在着“创业泡沫”现象，缺乏主动创业意识。主要表现：一是享乐思想严重。相当一部分学生在就业时追求职业的舒适稳定，不愿承受创业的艰辛与风险。在就业行为的价值取向上具有较强的功利色彩，在市场经济条件下，越来越多的大学生以个人利益的稳定获取作为自己择业的准则。二是依赖心理较强。不少大学生对就业问题缺乏自主性和主动性，表现出过分地依赖自己的家庭和关系网，坚持“等、靠、要”的思想，缺乏就业的主动性，缺乏创业的心理准备。三是抗挫折能力不强。一部分大学生意志力比较薄弱，开拓进取意识不足，思想比较单纯，对社会问题认识不到位，往往处于理想化状态。一旦理想与现实出现差距，就会情绪低落或者丧失信心。

二是虽有以市场为导向观念，但缺乏创新的创业意识。

对大学生创业意识调查数据说明，市场主导的作用明显，在市场经济条件下，市场是决定因素。没有市场，即使最完美的创业计划也将最终以失败告终。但是统计也显示他们没有重视自身的知识资本和创新能力，因为创业就是要以创新来创造市场，如果大学生以拥有的知识优势和年轻创新能力，进行知识创新，就更有利于开辟市场占据市场。否则一味迎合或追随市场，其结果很可能被市场抛弃。传统的应试教育只注重传统知识和应试技巧，而忽视学生创新能力的培养。学生在课堂上基本上都是被动接受，课下死记硬背，为了应试而学习，严重抑制了创新意识的发展。杨振宁教授在比较中美教育时曾明确指出：“美国的教育比较重视启发式，中国的教育比较重视灌输式，这个名词也许不太好，不过实际是这样的。”这种灌输式教学虽然较好地开发了人的记忆力，但它却忽视和阻碍了人的观察力、想象力及思维能力的发展，导致了创新能力发展的低水平。

三是虽有一定的创业想法，但缺乏创业风险意识。

在创业风险的认识上，认为创业风险“大”的学生为15%，认为创业风险“小”的学生为20%，创业风险“一般”的学生为65%，这反映出大学生对创业的认识是肤浅的。缺乏创业风险意识，缺乏敢闯敢试创业意识。现在，有很多大学生的父母按照自己的主观愿望给子女安排好一切，以使孩子达到理想中人才的目标——上大学、出国或有一份体面的工作。孩子一出生，就被家长推上理想的轨道，加以严格的控制，丝毫不允许有出轨的可能。为了让孩子有更多的时间学习“知识”，父母包办了生活中的一切事，一些在孩子成长过程中必须要做的事，也成了家长专利，“一心只读圣贤书”的现象普遍存在。这种过分的包办使学生丧失了许多敢闯敢试创业意识形成的大好时机,缺乏创业风险意识。

四是虽有创业的心理准备,但缺乏艰苦奋斗的创业意识。

现在的大学生多是独生子女,普遍缺乏艰苦奋斗的创业意识。具体表现在:在生活上,盲目追求高消费;在学习上,一些学生怕吃苦,考试时费尽心机;在心理上,挫折承受力差;在观念上,艰苦创业意识淡薄。据某学校所做的一项有关学生经济状况的调查统计显示:有90%学生带有手机,每月生活费有600元以上,甚至有些高达2000元。特别匪夷所思的是,一些特困生一边贷款上学,一边却交女朋友,潇洒花钱。艰苦朴素、勤俭节约的观念淡薄,养尊处优的生活心态较普遍。

五是虽能认识团队的重要,但缺乏团队形成的氛围。

团队精神是大学生最喜欢提到的话题,也是在创业中必须要考虑的因素。大多数学生倾向于"志同道合的伙伴"。虽能认识团队的重要,但缺乏团队形成的氛围,现在的学生从小学、中学到大学都曾面临一系列竞争。残酷的升学竞争、未来预期的巨大就业压力也进一步强化了大学生的竞争意识。一些大学生甚至为了奖学金、先进、入党一类的荣誉,相互间展开不正当的竞争。当竞争被再三强化时,团队意识相应地削弱、淡化了,从而造成合作精神不足的现状。

三、温州大学生创业意识浓厚的原因

一是温州区域文化中具有强烈的创业文化基因。自北宋以来,温州就形成了"其货纤靡,其人多贾"的经商传统,形成了经世致用的价值取向,经过以叶适为代表的永嘉学派的理性提炼,促进了区域商业文化的形成,成为温州人身上的文化基因。在市场经济的激发下,温州区域文化中的商业文化基因得到了重新恢复和发展,形成了人人讲创业、人人想当老板的创业精神。因此,可以说,温州本土的大学生身上大多具有创业的意识和梦想。

二是温州是全国创业活动高度活跃的区域,民众中已经形成创业机制。到2003年,温州市个体工商户达22万户,民营企业逾13万家,民营企业数量占全市工业企业总数的98.8%,总产值占全部工业总产值的96%,上缴税收占全市财政收入的70%,外贸出口额占全市外贸出口总额的95%以上。如果用全球创业观察(GEM)的创业活动指数来衡量,温州恐怕是全国创业活动最活跃的区域。人人经商办厂,创业致富,不仅成为人们生活出路的根本选择,而且已成为人们的创业目标和价值理念。温州经济是老百姓经济,经过市场经济二十几年来的发展，温州人中已形成自主创业的动力机制。因此，温州本地的大学毕业生自主创业的现象比较普遍，而且有许多成功的案例。

三是温州中小企业众多，已形成企业家培育机制。家家培养能人，即使哪一家没有能人，也要千方百计培育出能人。许多中小企业创业者的成功为温州社会树立了榜样，使更多的优秀社会人士选择自主创业，形成了你追我赶的创业大竞赛，通过市场经济的自然筛选，有人成功，也有人失败，有人选择退出，有新人选择进入，源源不断地培养出创业家和企业家。而在温州，能成为企业家则是大学生的追求目标和梦想。因此，必须因势利导，开展大学生创业教育，激发大学生创业热情，增强创业意识，培养和提高创业技能和素质，引导大学生参加创业实践。况且，许多温州企业家已出现接班人问题，他们渴望高校开展大学生创业教育，希望自己的子女既拥有较高的文化素质，又具有像他们那样的创业精神，毕业后来接自己的班，实现企业的再成长。

四、温州大学生创业成效

从创业教育实践活动方式看，大致可归纳为四种形式：一是以课堂教育为主导的创业教育类型，以中国人民大学为代表；二是以提高学生的创业知识、创业技能为重点的创业教育类型，以北京航空航天大学为代表；三是充分利用地方特色开展创业教育类型，以温州大学为代表；四是综合式的创业教育类型，以上海交通大学为代表。温州现有高校 5 所，在校大学生 4 万余人，70%左右为温州本土学生。在 2002 年温州大学成立了大学生创业中心，在 2004 年成立温州市大学生创业园，由温州团市委和浙江工贸学院联合建设，为温州市所有高等院校的在校学生（含毕业班学生）提供初创科技型、服务型小企业孵化用房，共享设施、信息咨询以及工商税收的优惠政策。目前，已申请入园的有浙江工贸学院、温州医学院、温师院、温州大学、温州职业技术学院、东方学院等十多家已有良好经营基础的创业实体。

最为典型的例子是温州大学美术学院结合专业特点与温州地方优势，积极开展大学生创业教育活动。一方面，美术专业具有便于市场运作的特点：第一，投入的资金较少，如设计公司只需电脑与打印机等简单的设备就可以维持运转；第二，发展空间较大，如包装、家居、轻工产品都需要设计；第三，掌握的专业知识可在最短的周期内转化为商品。另一方面，温州具有创业优势:第一,温州民营企业多,处处充满商机;第二,温州人的创业精神名扬海内外,这种精神对大学生创业来说具有极大的激励作用;第三,温州打造国际轻工城为大学生创业提供了更多的创业良机。如打火机、皮鞋、服装等轻工产品为设计人才提供了更多的施展才华的平台。美术学院大学生创业中心就是为大学生创业搭建了这样一个平台,组织大学生开展为社会服务,先后为方泰橱柜、荣兴燕翅店、名流建材有限公司、天一角食街等多家单位做装饰设计,为飞科剃须刀、百诚打火机、大奇家具等公司设计产品造型,为温州日丰贸易公司、风暴 911 娱乐公司等单位进行品牌形象设计等等,共计 60 余家企业 100 余万元的收入。美术学院大学生创业中心积极开展大学生创业教育活动,发起组织了首届大学生创业计划大赛、首届大学生创业论坛、设立了 100 万元的"红蜻蜓创新创业基金"、开设了大学生创业公选课,提出了基础实践、创新实践、创造实践、创业实践等系列实践活动,以温州人的创业精神为激励,激发大学生的创业意识,培养美术学院大学生具有艰苦创业、敢于创业、创新创业、自主创业的精神。

众所周知,温州的民营经济非常发达。温州的许多民营企业家,他们在创业初期学历往往不高,还碰到资金不足、政策限制等困难,但他们靠自主创业取得了巨大成就。这与 20 世纪 80 年代改革开放初期充满商机有关,但更与温州人的创业精神有关。著名经济学家董辅礽认为,温州模式最重要的是精神,"一种强烈致富欲望和创业精神"。不少大学生学业成绩很好,但走到社会后,缺的就是一种创业精神,创业能力不是很强,甚至不能创业。现在部分大学生创业意识淡薄,缺乏敢闯敢试、创新、合作等创业精神,而这些精神恰恰是温州人创业精神的明显特征。以温州人创业精神为指导来培育大学生创业意识,对加强大学生创业教育更具指导意义。

(本文发表在《高等工程教育研究》2007 年第 6 期)

第三章

创业实践探索

1 构建大学生创业教育“温州模式”

谢志远*

摘 要：当前，中国高校开展的创业教育尚处于起步阶段，多是借鉴国外大学生创业教育研究成果，结合国情、地方实际情况进行创业教育的高校比较少。我们结合大学生专业实际，结合温州地方实际，发挥在温州开展大学生创业教育的优势，积极引导大学生创业内在需求。借鉴温州人创业精神，培育大学生创业意识；借鉴温州人创业经历，提高大学生创业能力。结合专业，立足温州，建立创业工作室，构建大学生创业教育“温州模式”，形成独具特色的本土化的大学生创业教育之路。

关键词：大学生　创业　温州

当前，我国大学生就业形势越来越严峻，越来越多的大学生将创业作为自己的职业选择。对大学生进行创业教育，培养具有创新、创造和创业能力的高素质人才已成为当前高等学校的重要任务。这就要求高等院校一方面要不断提高人才培养质量，增强大学毕业生对社会的适应能力；另一方面要加强对大学生的创业教育，使高校毕业生不但能更好地就业，还要能创业，能创造更多的岗位以使更多的人能够就业。就高等学校而言，进行创新创业教育是应对知识经济挑战和加快大学自身建设发展的理性选择。就我校实际来讲，加强学生创业教育是适应学校理论教学与实践训练相结合的人才培养模式、坚持走地方特色发展道路的需要，是学校促进教学改革、实现产学研相结合的需要，也是进一步激发学生学习热情、促进优良学风形成的需要。

* 谢志远，温州大学副教授。

(一)发挥在温州开展大学生创业教育的优势,积极引导大学生创业内在需求

1. 温州区域文化中具有强烈的创业文化基因

温州的区域文化中有提倡功利、重商、富民的传统。在市场经济的激发下,温州区域文化中的商业文化基因得到了重新恢复和发展,形成了人人讲创业、人人想当老板的创业精神。因此,可以说,温州的大学生身上大多具有创业的意识和梦想。

2. 温州是全国创业活动高度活跃的区域

用全球创业观察(GEM)的创业活动指数来衡量,温州恐怕是全国创业活动最活跃的区域。由辛劳精神、闯荡意识、竞争心理三项组成“创业精神”,温州名列“创业精神指数”排名之首。人人经商办厂,创业致富,不仅已成为人们生活出路的根本选择,而且成为人们的创业目标和价值理念。温州经济是老百姓经济,经过市场经济二十几年来的发展,温州人中已形成自主创业的动力机制。因此,温州的大学毕业生自主创业的现象比较普遍,而且有许多成功的案例。

3. 温州已形成企业家培育机制

温州中小企业众多,家家培养能人,即使哪一家没有能人,也要千方百计培育出能人。许多中小企业创业者的成功为温州社会树立了榜样,使更多的优秀社会人士选择自主创业,形成了你追我赶的创业大竞赛。通过市场经济的自然筛选,有人成功,也有人失败,有人选择退出,有新人选择进入,源源不断地培养出创业家和企业家。而在温州,能成为企业家则是大学生的追求目标和梦想。

因此,必须因势利导,开展大学生创业教育,激发大学生创业热情,增强大学生创业意识,培养和提高创业素质和能力,引导大学生参加创业实践。况且,许多温州企业家已出现接班人问题,他们渴望高校开展大学生创业教育,希望自己的子女既拥有较高的文化素质,又具有像他们那样的创业精神,毕业后来接自己的班,实现企业的再成长。创业成了学生的内在需求,有可能其他地区的大学生创业教育是自上而下开展的,而温州大学的大学生创业教育是自下而上推动的。在温州大学开展大学生创业教育具有很好的“土壤”。据 2005 年的一份调查表明,温州大学生的创业意识高于外地区大学生的创业意识。约有 83%的大学生表示会考虑创业,这说明温州大学生群体的创业意识较强;并且这种创业意识的形成主要来自身边事例的影

响，有 43%的学生选择了家庭的影响，有 29%的学生选择了朋友或身边人的影响。

(二)借鉴温州人创业精神，培育大学生创业意识

1. 温州人创业精神的内涵

一是特别能自主的创业精神。二是特别能吃苦的创业精神。三是特别敢冒险的创业精神。四是特别能创新的创业精神。五是特别能合作的创业精神。

2. 借鉴温州人创业精神，培育大学生创业意识

以温州人的创业精神为指导，来培育大学生创业意识，促进大学生自主创业。我们提出培育大学生创业意识五方面的内容：一是培育大学生自主的创业意识；二是培育大学生艰苦的创业意识；三是培育大学生冒险的创业意识；四是培育大学生创新的创业意识；五是培育大学生合作的创业意识。

从 2004 年开始，我们开设了 36 个学时的"大学生职业生涯设计导航"必修课，2006 年开设大学生创业教育选修课，设立创业教育学分。二是设立创业导师，由校内专业教师与校外创业成功人士组成，加强对大学生创业教育的指导和引导。通过艰苦创业起家的温州民营企业家是大学生的偶像，他们的创业经验更是大学生创业教育的"活教材"。从 2004 年开始，聘请红蜻蜓集团、奥康集团、大虎打火机厂等一批知名企业的创始人担任"创业导师"，指导大学生自主创业。在学校定期举行的企业家论坛上，在创业热潮中身经百战的"创业导师"与大学生们面对面沟通，"零距离"交流，为学生的创业答疑解惑。三是设立创新创业基金。红蜻蜓集团出资 100 万元，设立了"红蜻蜓创新创业基金"，用于奖励创新创业优秀的学生和团队。四是出台学生创新创业奖励条例，支持鼓励学生创业。五是开展形式多样的大学生创业教育活动，激发大学生创业热情。发起组织了大学生创业计划大赛、大学生创业论坛，提出了基础实践、创新实践、创业实践、创造实践等系列实践活动。总之，以温州人的创业精神为激励，激发大学生的创业意识，培育大学生具有艰苦创业、敢于创业、创新创业、自主创业的精神。

(三)借鉴温州人创业经历，提高大学生创业能力

1. 大学生创业实践的现状

大学生创业起起伏伏，迄今为止，与参与创业的大学生群体相比，真正谈得上成功的案例并不多。综观 1998 年 5 月清华大学率先举行创业计划大

赛开始至今，创业失败率达90%以上的现状，大学生创业似乎仍处在临产前的阵痛期。由于大学生的年龄、阅历、心理等方面，与那些有社会经验的人相比，本身就处于劣势。大学生往往倾向于高技术创业，并且，欠缺必要的管理经验、市场运作策划能力以及足够的资本支持，大学生创业举步维艰。据不完全统计，全国大学生创业实践成功率只有2%—3%。怎样防范大学生创业失败，已经成为所有大学生创业教育无法回避的问题。因此，借鉴温州人的创业经历，建立适合大学生创业实践的模式，对大学生创业教育至关重要。

2. 借鉴温州人创业经历，提高大学生创业能力

温州商人的成功，有专家形象比喻为"三无"起步，"五低"起飞。即所谓"无资金、无技术、无市场"，"起点低，知名度低，文化程度低，企业组织形式低，产业层次也低"的温州商人，却比跨国公司效率更高，只是因为他们与环境和发展阶段更"匹配"。企业组织无所谓优劣，产业层次也没有高下之分，关键看匹配。因此，并非草根们的"低级和落后"成就了他们，只是他们更贴近中国这个市场的文化和国情，也更了解这个新兴市场的水土和脉搏。这就是"落后的低级的"草根企业管理比跨国公司更有效率的原因。

我们提出结合专业，建立创业工作室，搭建创业平台，这是一种"低成本，高成功"的草根创业。即：首先，无须很高的成本，利用所学专业知识进行创业，学校免费提供场地，搭建创业平台。其次，可以一边创业一边完成学业。在一个无需掌握过多管理、市场、营销等多方面创业知识的情况下，提供真正适合学生的创业环境，为大学生创业减少障碍，增强大学生创业信心，轻松迈出创业的第一步。大学生可以在自己的创业实践中不断地学习知识和积累经验。第三，配备完善的服务平台。搭建指导服务平台、培训平台和项目孵化平台，由创业专家与企业家组建"创业导师库"指导大学生科学创业，提高大学生创业成功率。

现全校有蓝蜗牛设计工作室、羊角画廊、"印"鞋靴设计工作室、四分之三秒摄影工作室等，有各类与专业紧密结合的学生创业工作室59个。这样的创业实践平台保证了学生创业内容依托专业基础，有利于学校有限教育资源的优化配置与合理共享，保证了学校创业教育与服务的深入，又避免了对学生创业行为的限制和约束，大大提高了创业教育实效性。创业的大学生先后为方泰橱柜、荣兴燕翅店、名流建材有限公司、天一角食街等多家单位做壁画与装潢设计；为飞科剃须刀、大虎打火机、大奇家具公司等设计过产品造型；为温州日丰公司、中巴公交公司、风暴911娱乐公司等单位进行品

牌形象设计等等，企业共计 60 余家，累计创业收入达 100 余万元。

当前，中国高校开展的创业教育尚处于起步阶段，多是借鉴国外大学生创业教育研究成果，结合国情、地方实际情况进行创业教育的高校比较少。我们结合大学生专业实际，结合温州地方实际，形成一种区别于高职院校和部属高校的创业教育体系。高等职业技术院校开展的创业教育较有声势，但他们没有与专业教育相结合，往往是开杂货店、介绍所等等。我们紧密与学生的专业相结合，所有的创业工作室都是学生学以致用，但又不同于部属学校的高科技、高风险的创业，我们的创业是学生掌握所学的专业知识，利用学生低成本的人力资源，在市场经济发达的温州寻找创业的商机。这种充分利用地方特色开展创业教育的类型，被有关学者称为大学生创业教育全国的"第四种"模式。

(四)立足温州，服务浙江，培养具有高素质、强能力、会创新的创业型人才

1. 紧密结合地方经济特色，制定人才培养方向

现代社会是一个分工高度发达的社会。在这样一个社会中，我们认为就业、创业就是要找到适合于自身的分工位置，是自身的特长和需要与社会需求在分工结构中的有机结合。而分工的一个重要特性就是工作性质的差异性，这种差异性客观上要求劳动者的知识与能力具有差异性，或者说劳动者的能力具有个性特点。正是依据社会对劳动者知识与能力差异性的客观需要，我们形成特色人才培养理念。这种理念的本质是承认在人才培养上形成学校之间、专业之间、个人之间的差异性，强调发挥各自的优势。我们认为应该发挥地方的优势，培养具有鲜明特色的大学生。这是因为，这些院校在人才培养过程中不仅应该根据全国同类院校的基本要求实行规范化教学，更应该面向当地的经济发展实际，积极主动地为当地的经济建设和社会发展服务，从而形成自己的办学特色，为大学生创业提供专业平台。

2. 充分利用社会资源，实施"双百"人才联动计划

我校提出的"双百"人才联动计划，即有计划地推动百名教授(副教授、博士)进企业、进社区、进农村、进机关，从政府部门、规模企业诚聘百名人才进学校、上讲台。

教授"走出去"，可以充分发挥学科与人才优势，使学校在温州经济社会发展中发挥不可或缺的人才与智力支撑作用；可以推进学校产学研结合，提升学校科研水平；可以优化教师知识结构，提高自身素质。"走出去"主要是学校高级职称教师和管理人员，以技术攻关、课题合作、决策咨询等科技文

化服务方式加强校地合作。

人才“请进来”，可以开拓学生视野，促进理论与实践相结合的应用型人才培养；可以提供更多学生实习实践基地，搭建就业平台；可以赢得社会对学校的广泛关注，扩大学校影响。“请进来”主要是党政机关、规模企业、温籍知名人士中有一定学历、有深厚理论基础和丰富实践经验的管理者、经营者和学者，以名誉教授、客座教授、兼职教授、顾问教授等方式担任我校非教学计划内的教学或实习、创业、就业指导等任务。

对于大多数学生来说，他们缺少的不是知识的储备，而是对所学知识的实际应用。在学习中，我们把学生带到企业里，进行实践和实习，学校也聘请企业的管理者与设计师作为学生的实践指导老师，指导学生的实践，使学生获得新的设计理念，对所学知识能更好掌握。

西方教育家发现学生的创造能量是可以通过在为别人服务当中遇到的实际问题和困难来激发的，称之为“创造性的问题解决方式”。有鉴于此，我们实行高年级的学生作业与市场结合，与企业挂钩。

这样的合作也是很具成效的。我们发挥学生的特长，学生在企业实习与实践的基础上和在双方指导师的指导下，如美术专业的学生就为飞科电器集团设计电动剃须刀专利；为康奈、东艺集团设计的鞋样在流水线生产。学生在实践中发现问题、解决问题的能力得到增强。用人单位普遍反映我们近几年学生的动手能力明显提高，学生的创新创业意识得到增强。

3.全面实施教学改革，培养创业型人才

创业教育一般是在专业教育上进行的，没有专业教育为学生提供一般知识结构、一般智力和能力，创业教育所要求培养的创业社会知识结构和创业能力就缺少了形成的基础；没有普通教育为学生提供的健康个性和道德规范，创业教育所要求培养的开创个性、开拓精神、社会责任感和义务感就失去了生长的基础。我们时刻清醒地认识到，创业教育决不能脱离知识教育和专业教育而孤立地进行。因为，人的创造是不能像具体技能和技巧那样教授和传授的，它必须通过现代科学知识和人文知识所内含的文化精神的熏陶和教化才能潜移默化地生成。

我们全面实施教学改革，一是实施按学科大类招生，培养多元化人才；二是实施主辅修制，拓宽学生知识结构；三是实施人才培养创新工程，培养个性化人才；四是实施名师工程，提高师资队伍建设；五是实施教育质量监控工程，保障人才培养的质量。使我们培养的学生具有高素质、强能力、会创新的创业型人才。高素质是指培养的学生不仅是社会主义事业的建设者和接班人，而且具有面对激烈竞争而能积极向上的进取型人才；强能力是指学生不仅具有良好的实践动手能力，而且具有良好的人际交往、组织协调能力；会创新是指学生不仅能使自己的作品有新颖创新，而且思维方式能突破常规，善于捕捉商机。

（本论文是2007年浙江省哲学社会科学规划课题《浙商精神与大学生创业教育的研究》（编号07CGKS007YBX）的部分研究成果；发表在《高等教育研究》2008年第5期）

2 大学生创业教育新探索

——以温州大学创业教育实践为例

谢志远*

摘　要：同类研究偏重理论上的探讨，忽视对大学生创业意识与能力的培育；偏重普遍性，忽视与地方的文化、经济相结合，缺少可操作性与实证研究。本文探索了一条独具特色的创业教育类型，即：充分利用地方特色开展创业教育。也就是，结合地方文化与经济，培养大学生创业意识与能力。温州经济发展模式对全国的经济发展具有示范作用。同样，温州人创业精神不仅仅对温州大学生创业教育具有指导意义，也对我国其他地区的大学生创业教育具有一定的借鉴作用。

关键词：大学生　创业　温州

就业是民生之本，安国之策。近年来，大学毕业生的就业问题日益突出。这就要求高等院校一方面要不断提高人才培养质量，增强大学毕业生对社会的适应性；另一方面要加强对大学生的创业教育，使高校毕业生不但能更好地就业，还要能创业，能创造更多的岗位以使更多的人能够就业。江泽民同志在第三次全国教育工作会议上的讲话中指出："要帮助受教育者培养创业意识和创业能力。通过教育部门的努力，培养出越来越多的不同行业的创业者，就可以为社会创造更多的就业机会，对促进社会经济发展、维护社会稳定和繁荣各项事业都将发挥重大作用。"

众所周知，温州的民营经济非常发达。温州的许多民营企业家，他们在创业初期学历往往不高，还碰到资金不足、政策限制等困难，但他们靠自主创业取得了巨大成就。这与 20 世纪 80 年代改革开放初期充满商机有关，但

---

* 谢志远，温州大学副教授。

更与温州人的创业精神有关。著名经济学家董辅礽认为，温州模式最重要的是精神，“一种强烈致富欲望和创业精神”。不少大学生学业成绩很好，但走到社会后，缺的就是一种创业精神，创业能力不是很强，甚至不能创业。现在部分大学生创业意识淡薄，缺乏敢闯敢试、创新、合作等创业精神，而这些精神恰恰是温州人创业精神的明显特征。探讨温州人创业精神对大学生创业意识培育的启示，对加强大学生创业教育更具指导意义。温家宝总理在 2005 年 11 月 7 日全国职教工作会议上讲话指出，我国人口多，劳动力多，特别是农民多，就业问题是一个不可回避而且必须解决好的大问题，需要提高城乡劳动力的就业和创业能力。温州人创业精神与大学生创业教育的探讨，不但对解决大学生就业、创业问题极富现实意义，而且能为全国的创业教育提供可借鉴的经验。

一、构建大学生创业教育新机制

(一)构建大学生教育新内容

一是培养大学生艰苦的创业意识。创业必须要贡献时间和付出努力，承担相应的财务的、精神的和社会的风险，并获得金钱的回报、个人的满足和独立自主。任何成功的创业者都必须具备坚忍不拔的艰苦创业精神，这是成功的必要条件。不怕苦、不怕累，不怕失败、勇往直前，不达目的决不罢休，这就是艰苦创业的精神。

二是培养大学生冒险的创业意识。目前，几乎所有创业者的定义都会提到风险承担这一因素。承担风险，无论财务方面、社会方面的风险，还是心理方面的风险，都是创业过程不可分割的一部分。在国外，人们通常认为，“企业家”是“有冒险精神的一群人”，冒险是他们区别于其他人群的显著特征。

三是培养大学生创新的创业意识。创业是一个发现和捕获机会并由此创造出新颖的产品或服务及实现其潜在价值的过程。创业的前提就是要创造出新颖的产品或服务，就是要创新。按照奥地利经济学家熊彼特的观点，创新包括引进新产品、引用新技术、开辟新市场、控制原材料的新供应来源，实现企业的新组织。创新因而可以表现在技术、体制或知识等不同层面，捕获商机。但值得强调的是，创业不等于科技创新，大量的新创企业也并不属于高新技术领域，最主要的是培养大学生的创新意识。

四是培养大学生合作的创业意识。有的创业者个人很有能力，但是不善于将自己的能力外化为组织的能力，结果整个企业的运作就变成创业者个人的“独角戏”，创业者不得不独自支撑整个企业的运转，企业的其他成员爱莫能助，缺少的就是合作和团队精神。学会合作是21世纪人才的必备素质。美国哈佛大学心理学教授乔治·赫华斯博士多年的研究表明，一个人事业的成败在于人品的优势。“与同事真诚合作”是成功的九大要素之一，而“言行孤僻，不善与人合作”是排在失败的九大要素之首。为此，培养大学生的合作意识应渗透到大学教育的方方面面，从校园文化活动到社会实践，甚至可以开设专门团队训练课程。

（二）构建大学生创业教育新途径

一是基础层面，主要是正确理解大学生创业教育的内涵。目前各高校的创业教育主要途径局限于操作层面和技能层面，从而导致创业教育与专业教育和基础知识学习的脱节，似乎创业只是某种技能或技巧的掌握而已。这种认识和实践容易忽略创新能力和创业能力的深层基础，容易把创新与创造平庸化为单纯的技巧与操作。为此，一是要转变教育观念，二是要与基础教育相结合，三是要与专业教育相结合。

二是知识层面，主要是传授创业知识。创业教育在西方国家的大学中已有较长的历史，高校重视培养学生的创业精神，开设系列课程，传授创业知识和技能。而我国尚未在高校中开设创业教育系列课程，试点的高校仅仅开设了“企业家精神”、“风险投资”、“创业管理”等少数课程，创业教育课程数量不足、适应面不广、内容的实践指导性不强。虽然大学生有较高的创业热情，但普遍缺乏创业知识的培训。从杭州市调查的情况来看，只有11%的大学生参加过创业知识培训或讲座，但是，没有参加过培训或讲座但想参加的大学生高达67%。为此，一是要开设创业课程，二是要进行学科教育，三是要培养特色人才。

三是实践层面，主要是提高大学生创业能力。我国高校基本上没有开展大学生创业实验活动。从最近几年我国大学生创业计划竞赛的情况看，绝大多数大学生不知道如何写创业计划书，对目标市场缺乏了解，分析时所采用的数据经不起推敲，没有说服力等等。大学生中普遍存在眼高手低的现象，在创业过程中除了能“纸上谈兵”之外，对具体市场开拓缺乏经验与相关知识，缺乏从职业角度整合资源、实行管理的能力。创业教育是实践性很强的教育活动，创业实践是创业教育的特定课程模式，也是培养大学生创业意识、创业能力的具体途径。主要有:一是实践教学,二是创业大赛,三是尝试创业实践。

四是保障层面,主要是鼓励支持大学生创业。大学生就业、创业问题是一个社会问题,是一个系统工程。大学生就业、创业需要全社会的支持和帮助,需要一定的社会环境。因此,应当加强对大学生就业、创业的社会保障体系整体构建的理论研究和实践探索。保障层面构建的思路是:借鉴外国经验,建立真正能够促进创业的、负责任的、高效率的创业管理系统,建立真正能够快速推动创业工作的保障机制。国外的主要经验是制定鼓励创业的政策。近年来,欧盟国家促进中小企业发展的措施主要集中在三个层面:一是继续营造有利于促进中小企业发展的大环境,如简化立法、行政规定,在立法过程中重视对中小企业利益的影响,倾听来自中小企业的意见;二是在促进中小企业发展有直接联系的小环境上,加大力度,增加投入,如大力支持企业发展服务部门,培育企业发展服务市场;三是创造条件,提供帮助,重视提高企业自身能力建设。

(三)构建大学生创业教育新平台

一是建立大学生创业中心,开展大学生创业实践活动。温州大学创业中心现有蓝蜗牛设计工作室、"印"鞋样工作室、"0+1"大学生创业工作室、百分百学生创业工作室、国粹工作室、油艺工作室、3/4 秒摄影工作室等 10 余个学生创业工作室。学校提供场地、集中资源,学生们放开手脚大胆尝试创业。自 2002 年成立以来,在创业中心学生的带动下,先后为方泰橱柜、荣兴燕翅鲍店、名流建材有限公司、天一角食街等多家单位做壁画与装潢设计;为飞科剃须刀、大虎打火机、大奇家具公司等设计过产品造型;为温州日丰公司、中巴公交公司、风暴 911 娱乐公司等单位进行品牌形象设计等等。据统计,四年来共有 500 多名大学生参加了创业实践活动,累计创业收入达 100 余万元。

二是引导大学生自主创业时坚持"两个结合",即坚持创业与专业知识相结合,坚持创业与温州的地方特色经济相结合。比如,美术学院的大学生从专业角度出发创业,由于美术专业创业具有便于市场运作的特点:第一,投入的资金较少。如设计公司只需要计算机和打印机等简单的设备就可以维持运转;第二,创业范围较广,发展潜力较大。如包装、家居、轻工产品都需要设计。此外,从温州地方经济角度出发,温州具有以下创业优势:第一,温州民营企业多,商机无限;第二,温州正在向国际轻工业城迈进,这为大学生创业提供了更多的施展才华的平台。

三是开展形式多样的大学生创业教育活动,激发大学生创业热情。通过艰苦创业起家的温州民营企业家是大学生的偶像,他们的创业经验更是大学生创业教育的"活教材"。从 2004 年开始,我们开设了 36 个学时的"大学生职业生涯设计导航"必修课,聘请红蜻蜓集团、奥康集团、大虎打火机厂等一批知名企业的创始人担任"创业导师",指导大学生自主创业。在学校定期举行的企业家论坛上,在创业热潮中身经百战的"创业导师"与大学生们面对面沟通,"零距离"交流,为学生的创业答疑解惑。"创业导师"不但悉心传授创业真经,而且还鼓励大学生敢于创业、勇于创业。红蜻蜓集团董事长钱金波出资 100 万元,设立了"红蜻蜓创新创业基金",用于奖励创业优秀的学生和团队。

二、在温州开展大学生创业教育的意义

(一)构建独具特色的创业教育类型

在教育部确定 9 所创业教育试点高校之外,温州大学自 2002 年以来,探索了一种独具特色的创业教育类型,即:充分利用地方特色开展创业教育。也就是,结合地方文化与经济,培养大学生创业意识与能力。

有学者认为,以 2002 年 4 月教育部确定 9 所部属高校为创业教育试点院校为标志,我国的创业教育进入政府引导下的多元化发展阶段。各试点院校开始了各具特色的创业教育实践探索。其中有以课堂教学为主导来进行创业教育的,如中国人民大学;有以提高学生创业知识、创业技能为侧重点的创业教育,建立大学生创业园,其代表是北京航空航天大学;还有综合式的创业教育,即一方面将创新教育作为创业教育的基础,在专业知识的传授过程中注重学生基本素质的培养;另一方面,为学生创业提供所需要资金和必要的技术咨询,代表为上海交通大学。

(二)创业教育有利于提升温州活力

近四五年来,浙江省和全国经济一路高歌猛进,高速增长。相比之下,温州经济则是发展缓慢,增长乏力,增长速度严重下滑。笔者认为,改革开放 30 年来,温州形成了以中小企业为主体的经济体系,可以说,温州经济发展的源头在中小企业,活力在中小企业,希望也在中小企业。近几年来温州

经济发展明显放慢，增长乏力，其根本问题在于温州中小企业出现了创业活力明显下降的苗头。加强大学生的创业教育，引导大学毕业生进行自主创业，把大学生创业教育与当地的产业发展战略以及产业结构调整和升级结合起来，引导毕业生开辟新产业、新行业，进入新领域，有助于获得当地政府和中小企业的资助与支持，同时也有利于提升当地产业的竞争力，实现教育为当地经济、政治、文化发展服务的目标。

（三）创业教育增强学生的就业意识与综合素质

通过创业教育的培养，学生的综合素质得到了提高。比如管理协调能力、沟通谈判能力、市场运作能力、学以致用能力等都得到了锻炼和提高。尤其是学生的创业行为带动了学生专业创新素质的提高。由于大学生创业教育活动的影响，在学生中逐渐形成了一种乐于创新、敢于创新的良好学习氛围，对改善学风建设起到了积极的推动作用。经过创业教育与活动，同学们的能力得到提高，知道怎样与客户打交道，怎样使自己设计作品得到客户的满意，设计作品从原来自己怎么想怎么做，到客户怎么想怎么做，再到怎样引导客户想法，使客户满意。

“一段好经历胜过一份好工作”。大学生的就业竞争力在市场洗礼中得到提升。近四年来，我校毕业生的一次就业率稳定在90%以上。据统计，在去年的毕业生中，每20个学生就有一个学生选择了自主创业。

总之，温州大学开展的大学生创业教育实践，创新之处在于：一是具有普适性。温州经济发展模式对全国的经济发展具有示范作用。同样，温州人创业精神不仅仅对温州大学生创业教育具有指导意义，也对我国其他地区的大学生创业意识培养具有一定的借鉴作用。二是具有现实性。用温州人创业精神指导大学生创业意识的培育，提高大学生的自主创业能力，对大学生就业具有重大的现实意义。三是具有超越性。同类研究偏重理论上的探讨，忽视对大学生创业意识与能力的培育；同类研究偏重普遍性，忽视与地方的文化、经济相结合，缺少可操作性与实证研究。因此，温州大学创业教育研究更具科学性和可操作性。

（本文发表在《社会科学战线》2007年第1期）

3 大学生创意产业创业的探索

刘巍伟 谢志远 李上献*

摘 要：创意产业是知识密集型的产业，吸纳了大量高素质的人才就业。我国创意产业刚刚起步，发展前景广阔。当前，大学生就业问题突出，需要有一个能吸纳大量大学生创业就业的产业。创意产业的发展为解决大学生就业问题提供了可能。引导大学生进行创意产业创业，必须激发大学生的创业意识，开展创业创意教育，提高创意创业技能，做好大学生的创意创业孵化工作，使大学生的创意创业能够取得成效。

关键词：大学生 创意产业 创业

一、创意产业与大学生创业的外在联系

一方面，进入知识经济时代后，创意产业的迅速成长已经成为发达国家和地区产业发展的一个突出趋势。不仅如此，在全球化趋势不断加强、国际间竞争日趋激烈的今天，创意产业的发展规模和程度，已经成为衡量一个国家或城市综合竞争力高低的一个重要标志。创意产业被公认是“21世纪的朝阳产业”，已经成为推动经济发展的重要力量。按照世界创意产业之父霍金斯的理论，创意产业可以分为“文化类创意产业”和“科技类创意产业”两部分。通过对行业数据的分析发现，在创意产业的各行业中，对国民经济拉动作用最大的往往是处于第二产业、第三产业产业链前后端的科技类创意产业，其中以设计服务、软件研发等行业为代表的科技类创意产业的销售收

* 刘巍伟，温州大学2008级研究生；谢志远，温州大学教授，硕导；李上献，温州大学2007级研究生。

入占到整个创意产业销售收入的85%左右。

另一方面，高校开展创业教育，是对世界高等教育发展趋势的主动把握，是对建设创新型国家的主动回应，是提高学生创新精神与实践能力的有效途径。但是，在国内高校创业教育的研究与实践中突出存在两大问题：一是教学效果不佳，创业实践成功率不高。据不完全统计，大学生创业实践成功率仅2%—3%。切实提高大学生创业实践成功率是创业教育无法回避的问题；二是与专业教育结合不紧密。现有的创业教育更多局限于操作层面，忽视相应的专业课程体系建设，导致创业教育与专业教育的脱节。由于大学生的年龄、阅历、心理等方面，和那些有社会经验的人相比，本身就处于劣势。又往往倾向于在高技术领域创业，并且，欠缺必要的管理经验、市场运作策划能力以及足够的资本支持，大学生创业可谓举步维艰。

高校如何发挥自己的特色和优势，面向社会和市场，积极争取在为社会提供服务的过程中加强自己的实力，提升自己的内涵，进一步扩大自己的影响力和综合竞争力，搭建创意产业平台，积极参与创意产业的建设；另一方面，如何把创意产业与大学生创业联系起来，提高创业成功率，也是值得高校认真思考和研究的问题。

二、创意产业与大学生创业的内在联系

至于创意产业，最早提出其概念的英国将其定义为："源于个体创意、技巧及才干，通过知识产权的生成与利用，而有潜力创造财富和就业机会的产业。"另一方面，有学者将创业定义为：创业是一个发现和捕获机会，由此创造出新颖的产品或服务并实现潜在价值的过程。创业必须要贡献时间和付出努力，承担相应的财务的、精神的和社会的风险，并获得金钱的回报、个人的满足和独立自主，并为社会创造就业岗位。从它们之间的概念来看，具有一定的内在联系。

什么是创意产业创业？如果说创意产业是指当代以创意理念为核心的总体经济活动，那么，创意产业创业是指源自个人创造力、技巧及才华，从创意中寻求效益的创业思路的个体经济活动。创意产业创业是一个发现和捕捉创意机会并由此创造出新颖的产品或服务，实现其潜在价值的过程。

一是创意产业的生产方式适合大学生创业。创意产业的兴起与创意人群的出现直接有关，由于其工作本身表现出极强的个人化和分散化的特征，再加上互联网的应用更使他们可以不必聚集在一个工作场所就能轻松地实

现交流互动和必要的合作,因此创意产品是个人化分散工作的结果,其产品表现出高度差异化与个性,比如设计产业、数字休闲娱乐产业都体现出这一特征,这种生产方式适合大学生创业。

二是大学生创业的自身优势有利于创意产业的发展。首先是专业的优势:从学生自身特点出发,倡导依托专业优势开展创意产业创业实践。这有利于弥补学生社会资源匮乏所造成的创业劣势,有利于规避风险,达到创业成功几率的最大化,使创业与学业相得益彰。其次是智力的优势:大学生思维活跃,善于创新,好动,具有较强的动手实践能力。

三、大学生创意产业创业的途径

综观 1998 年 5 月清华大学率先举行创业计划大赛开始至今创业失败率达 90%以上的现状,大学生创业似乎仍处在临产前的阵痛期。2006 年 6 月,年轻的网易公司创始人丁磊,是大学生创业的杰出代表。可是他在与大学生进行交流时,却表示"不赞成大学生创业",原因是创业的成功几率太小,并且当前中国的教育现状,无法给大学生创业所需的知识结构。如阿里巴巴网站 CEO 马云、金山软件公司总裁雷军也表达了同样的观点。今日用谷歌搜索,大约有 325000 项符合大学生创业失败的查询结果。这些惊人的数目,不得不让我们重新审视这种现象。

由于大学生的年龄、阅历、心理等方面,和那些有社会经验的人相比,本身就处于劣势。又往往倾向于在高技术领域创业,并且,欠缺必要的管理经验、市场运作策划能力以及足够的资本支持,大学生创业可谓举步维艰。据不完全统计,全国大学生创业实践成功率只有 2%—3%。怎样防范大学生创业失败,已经成为所有大学生创业教育无法回避的问题。因此,借鉴温州人创业经历,建立适合大学生创业实践的模式,对大学生创业教育至关重要。

借鉴温州人创业经历,建立创意产业创业工作室。温州商人"三无起步","五低起飞"。即所谓"无资金、无技术、无市场","起点低、知名度低、文化程度低、企业组织形式低、产业层次也低"。然而就是这些"三无"、"五低"的温州商人,却比跨国公司效率更高,这是因为他们与环境和发展阶段更匹配。企业组织无所谓优劣,产业层次也没有高下之分,关键看匹配。这就是草根企业比跨国公司管理更有效率的原因。

我们提出结合专业,建立创意产业创业工作室,搭建创业平台,这是一种“低成本，高成功”的草根创业模式。首先，无需很高的成本，利用所学专业知识进行创业，学校免费提供场地，搭建创业平台。其次，可以边创业边完成学业。在无需掌握过多管理、市场、营销等多方面创业知识的情况下，提供真正适合学生的创业环境，为大学生创业减少障碍，增强大学生创业信心，轻松迈出创业的第一步。大学生可以在自己的创业实践中不断地学习知识和积累经验。第三，配备完善的服务平台。搭建指导服务平台、培训平台和项目孵化平台；由创业专家与企业家组建创业导师库指导大学生创业，提高大学生创业成功率。

四、大学生创意产业创业的内容

工业设计。依托艺术设计专业，在科技创意方面已经拥有一定的成绩：与红蜻蜓鞋业、大虎打火机等温州知名企业有很好的合作先例，并且我校艺术专业学生屡屡在国际，国家，省级各类大赛中获奖。为温州的传统特色优势产业升级服务，使其成为引领温州时尚的生力军。主要有鞋样设计、服装设计、打火机等产品设计。

软件设计。日前，国务院已批准20个城市为服务外包示范城市。分别是北京、天津、上海、重庆、大连、深圳、广州、武汉、哈尔滨、成都、南京、西安、济南、杭州、合肥、南昌、长沙、大庆、苏州、无锡。温州尽管没有列入其中，但我们学校正是顺应这一形势的发展。通过和中国微软学院的合作办学，培养工程化人才，将软件企业的思想和实际开发项目送进课堂，更好地进行课堂课程教学与实践探索，进行人才规格、知识技能结构、课程的灵活设置和动态调整，定位于特色鲜明的专业方向，发展方向应该是多样化的。我们的下一个目标是通过与更多企业的合作，成立自己的实体为上述城市的软件企业承担分包任务，由此打造温州产业新亮点，也更好解决学生的就业问题。

电子商务。营销之父菲利普·科特勒曾说：“互联网正在造就新的赢家，同时在埋葬落伍者。”中国互联网将由网民时代转入网商时代。电子商务网站在发展过程中，伴随自身营运的实践，网上开店为盈利手段之一，也是常见的模式。网上开店是把超市搬到了网上，比传统超市少了店面的成本。这些成本的降低可以使网上超市里面的商品价格降低，以吸引客户。

教育游戏。它以教育为目的，以游戏为手段，融知识性、娱乐性于一体。有专家认为，教育游戏是指在游戏化学习的思想指导下，将学习因素和电脑游戏因素有机结合起来，能够培养游戏使用者的知识、技能、智力、情感、态度、价值观，并具有一定教育意义的计算机游戏类软件。在国外，教育游戏已经得到认可，甚至已经渗透到日常的教学活动之中，但在国内还是一个新兴的研究领域，它的开发和设计还处于起步阶段。

创意农业。创意农业是以增加农产品附加值为目标，在农产品生产、加工、营销过程中进行创意生产，创造独特增收模式。具体项目有：水培植物、祝福南瓜、蝴蝶做画、锯木基质的栽培等等。

五、加强大学生创意产业创业的举措

要促进大学生的创意创业，提高创意创业的成功率，还须加强对大学生创意创业环境的建设，创造一个有利于大学生创意创业的环境，使更多的大学生加入到创意创业中来。

一是修订培养方案。为了有效地进行创意产业创业人才的培养，我们从艺术设计类、经济管理类、电气信息类专业的人才培养方案入手，逐步构建起一套从理论与实践并举、从课堂与课外联动的完整创意产业创业教育体系。为了有效推进大学生创业教育，在课堂教学上，全面实施以通识教育和专业教育有机结合的“基础＋专业”为基本架构的人才培养方案。无论是在基础平台阶段还是专业教育阶段均突出对创业型人才培养，设置相关课程。例如：在基础平台，我们将就业创业指导课纳入公共必修课程，设置以大学生 KAB 创业基础等为特色的创业教育系列课程群为学生选修课程；在试点专业的专业教育中，设置创意产业导论、专业创业、中小企业创业管理等为专业必修课；通过教学主渠道对学生进行系统的创业理论与知识教育。在实践教学环节，提出基础实践、创新实践、创造实践，利用专业实习、实践、开放实验室项目等实践教学载体，强化对学生“学以致用”能力的培养。

二是建立大学生创意产业创业园。要把一个创意变成现实，需要一个过程，这个过程可能很短，也可能很长，也可能失败的。作为大学生，个人的资金和能力是有限的。假如没有一个孵化的机构，大学生在有创意想到要进行创业时会碰到许多困难，就不敢去尝试创业了。如果有一个比较完善的创意创业服务机构，大学生有创意创业欲望时，就积极帮助完善创意，协助进行创业，大学生的创意创业热情就会很高，进行创意创业也比较容易成功。温州大学建立了温州市首个大学生创意产业园，于 2008 年 3 月正式投入使用，重点发展信息技术类和艺术设计类，现已有 30 余个经过层层选拔的创意、创新、创业团队入驻园区，其中信息技术研发类7家、艺术设计类14家，其余均为已注册的公司和温州知名企事业单位与高校合作项目。

三是设立创意创业指导师。大学生进行创意创业的过程会遇到许多困难和问题，仅靠大学生自己的知识和能力还解决不了。所以，需要成立大学生创意创业指导委员会，聘请一些在创意创业方面的专家，包括在创意创业的成功人士，对大学生的创意创业过程进行指导，帮助解决在创意创业过程中遇到的难题，使大学生在创意创业时少走弯路，成为成功的创意创业者。并设立“创意咖啡吧”。旨在借鉴国外院校宝贵经验的基础上，给有志于创业的所有在校大学生提供一个思想碰撞、交流、讨论和创新的平台，大学生自主筹备、自主经营。我们已将“创意咖啡吧”打造成为一个激发创意、感染热情、培养能力、孵化成功的校园创业交流会所。

四是加强与社会的对接。一直以来，学生的创业实践服务对象一般是学生，局限于校园的范围。今后，在进一步完善校园市场的同时，慢慢向社会市场转变，加强与社会的对接，使创业范围由校内市场向社会市场转变。为此，向社会征求合作项目，由学校提供场地和人才，由企业提供设备、技术人员等，共同研发。充分发挥学校的专业优势、人才优势和研发优势，更好地为温州经济发展服务。

五是强化对创意产业创业教育的认识。根据地方本科院校的特点，从专业建设、教学改革的视野看待创意产业创业教育，专业教育是创意产业创业教育的基础，不能脱离专业教育而空谈创意产业创业教育，要做到专业教育与创意产业创业教育的有机融合。要把现有的专业创业工作室纳入专业建设与教学实践改革的范畴，选派专业指导师与创业指导师，加强对学生创业的指导与引导。创意产业创业教育还要解决好“成功”与“成才”的问题，不能仅仅只看到学生毕业前有多少创业工作室成功注册为企业，而更重要的是要看到这种创意产业创业教育对大学生今后成才的重要性。

（本文发表在《教育评论》2009年第6期）

4 培养现代农业创意创业人才的学生工作探索

谢志远　黄武刚*

摘　要:本文提出以学生为本,结合专业,结合区域,实施生存教育、成功教育、创业教育,提出理念转变、机制创新、队伍建设、文化引领等四条举措,培养现代农业创意创业人才。

关键词:创意创业　学生工作　现代农业

面对严峻的大学生就业形势,培养适应社会需求的大学生是每个学校和专业的共同使命。我们认为应该培养具有鲜明特色的大学生,使之适应社会需求,拓宽就业渠道。在特色人才培养上,地方院校所具有的作用十分重要。这是因为,这些院校在人才培养过程中不仅应该根据全国同类院校的基本要求实行规范化教学,更应该面向当地的经济发展实际,积极主动地为当地的经济建设和社会发展服务,从而形成自己的办学特色。在温州办学,就是要发挥温州的区域文化优势,培养创意创业人才。

温州科技职业学院是以农字为特色的学校,到今年 9 月份有学生 4500 余人,学院不仅面临从中职教育到高职教育的转变,从首届的招生不到 500 人到现在的招生近 2000 人,从农业科研院所到教学单位的转变;而且还面临着全国高等教育从量的扩张到教育质量的提升的转变,从一般性高职到示范性高职的转变,从通识教育到以就业为导向的转变。学院面临新的形势与任务,在学生工作方面,结合区域、学院、专业、学生的实际,实施三大教育,即生存教育、成功教育、创业教育,提出培养现代农业创意创业人才。

* 谢志远,温州科技职业学院副院长,教授;黄武刚,温州科技职业学院学工部长。

一、培养现代农业创意创业人才的意义

(一)培养现代农业创意创业人才是未来农业发展之需要

相对于传统农业,现代农业正在向观赏、休闲、美化等方向扩延,假日农业、休闲农业、观光农业、旅游农业等新型创意农业形态也迅速发展成为与产品生产农业并驾齐驱的重要产业。作为农业大国,必须研究农业现代化的发展趋势,扬长避短,使我国农业尽快走上现代化的道路。这就要求农业类大学生不仅要掌握现代农业专业知识,还要有适应现代农业发展趋势所需要的创意能力和创业能力。

(二)培养现代农业创意创业人才是立足学院实际与发展之需要

从微观角度,是学院的实际,学院在传承温州农校50年办学历史与温州农科院合并的基础上成立,围绕如何发挥学校以农为特色的实际;从宏观角度,现在是传统农业向现代农业转变的大好时机。随着改革的深入,经济的发展,人们的生活水平从吃饱、吃好向吃健康转变,绿色、环保、品牌、观光农业等创业机会增多。学院应把握这个时机,培养现代农业创意创业人才,全面推进学院发展新格局。

(三)培养现代农业创意创业人才是学生成长发展之需要

一方面,随着高校招生规模的不断扩大,毕业生就业难的问题日益突显出来。另一方面,随着市场经济的发展,农业产业结构必将根据市场的变化不断进行调整,产业结构不再局限于传统的种植业、养殖业等农业部门,而是包括了食品加工业等第二产业和经营服务等第三产业的内容。这就要求未来的农业劳动者不仅是生产环节中的操作者,也是农业工业的实施者,还应该是管理服务的经营者。只有培养出一批懂技术、会管理、善经营的现代农业创意创业人才,才能解决学生的就业与成长发展之需要。

二、培养现代农业创意创业人才的内容

(一)生存教育是培养现代农业创意创业人才的前提

生存能力是摆在各种能力的前面，是第一位的能力。从大的方面来说，包括生命的安全与珍惜；从小的方面来说，包括毕业后的就业。一是安全教育。对于学校来说，学生安全是学校一切工作的前提，要高度重视安全教育。一方面，一切的学生活动要进行安全评估。如：学生的暑期社会实践、顶岗实习、宿舍区的安全及饮食卫生安全等，有针对性地开展安全防范工作，确保学生的生命、财产安全。另一方面是维护校园的稳定。建立信息员情况通报网络，加强值班制度，设立校园 110 电话，实施网络舆情的监控，防止群体性事件与非法宗教的渗透，维护校园的和谐稳定。二是心理健康教育。面对压力增大的独生子女大学生，有心理问题的学生越来越多，加强心理健康教育。开设学生工作队伍心理健康教育培训班，每学期举办心理健康教育活动周，建立亚健康状况学生心理档案，强化心理咨询师培训，发挥心理咨询室的作用。三是就业教育。学校确立以就业为导向的人才培养体系，加强专业能力与综合素质的提高，全员、全方位关心学生的就业工作，使学生毕业即就业、毕业即创业。

(二)成功教育是培养现代农业创意创业人才的基础

对广大学生来说，进入职业学院是无可奈何的选择，他们感到前途渺茫、低人一等。一是心态教育。分析学院、专业发展的大好形势：一方面，国家高度重视职业教育，技能人才的需求量越来越大；另一方面，高职毕业生就业率远高于本科毕业生，并且，在传统农业向现代农业转变过程中，农业创业机会多、发展空间大，要帮助他们树立信心。二是养成教育。成功来自良好的习惯。对于高职学院的学生来说，存在着学习自由散漫、文明素质较差等现象。为此，一是强化生活习惯的养成，实施门禁制度，严格管理生活作息制度，实施寝室卫生检查评比制度；二是强化学习习惯的养成，一年级实施早晚自修制度，发挥学长辅导、任课教师指导等办法，深化晚自修的自学效果；三是强化文明综合素质的养成。面对学生在就业过程中出现的问题，如待人接物礼仪欠缺、法制意识淡薄、责任心不强等现象，加强学生的人际交往、法制与诚信、信托责任等教育，强化学生文明综合素质的养成。三

是目标教育。邀请成功的农业创业人士、成功的校友来校讲座,用榜样树立目标。明确定位,提出培养现代农业创意创业人才,使毕业生具有出色的技能,准精英的工作状态。

(三)创业教育是培养现代农业创意创业人才的途径

面对当前我院的学生工作,根据高等教育改革的发展趋势,根据地方区域文化的特点,根据学校、专业、学生的实际,建立一套现代农业创意创业人才培养体系,大力实施创业教育,使学校的学生工作与人才培养出特色、成品牌。一是传承温州人的创业精神,培育大学生的创业意识。立足于温州区域经济、文化的温州科技职业学院,要培养学生的创新创业精神,有草根创业者的勇气,把校园变成创业者的“熔炉”,培养拿“营业执照”的人。二是结合学校以农为特色的优势,形成实体与虚拟的创业实践体系。一方面,组织学生创业团队,针对我院教师的农业科研成果,面向社区进行推广,具体的项目有水培植物、宠物美容、动物医院、家庭迷你菜园、无公害蔬菜等,还有水果玉米、蓝梅、番茄等特优农产品的推销。另一方面,结合电子商务渐兴之趋势,培养新型的创业人才,与淘宝网合作,建立全国首个大学生网商创业园,形成物流、网上装修、摄影等一条龙服务的网络创业园,既可以培养学生的创业意识与能力,又可以培养一批从事为农业企业电子商务服务的拓展型人才。三是建立一套农业创业性人才培养体系,培养现代农业创意创业人才。开设创业选修课、创业论坛、创意比赛的项目,开办农学创业班、淘宝网上创业班,设立大学生创业基金等,结合党中央的“三农”政策,建立一套农业创业性人才培养体系。

三、培养现代农业创意创业人才的举措

(一)理念转变

在学生规模逐渐扩大的情况下,从中职迈向高职的过程中,学生工作理念要有所转变、有所思考、有所创新。首先是继承中创新,在原来严格管理的基础上,如何提高人性化服务,如何简化相关程序,如何提高学生的“三自”能力,发挥学生骨干的积极性。其次是整合中创新,学生工作要有整合资源的意识,特别是校外的资源,在现有校企合作、整合企业资源的基础上,还要有整合政府资源、政策资源、校友资源等意识,为学生的成长成才提供

更多的资源。三是借鉴中创新,要放开视野,通过网络资源,在全省、全国范围内借鉴别人好的经验与做法,结合实情,有利于学生工作的创新。

(二)机制创新

建立学生工作良好的机制,有利于学生的教育、管理与服务。首先是二级管理机制,实行学院行政小机关,多充实系级学生工作队伍,按照 200∶1 配齐辅导员。不仅要把杂事下放,还要把权力与责任下放,明确学院与系级学生管理职责。其次是建立竞争机制,制定系级学生工作考核指标体系,每学年评比一次,形成勇于争先的氛围。三是价值评估机制。对学生工作要选准切入点,以有利于学生的成长成才而开展,从“声势型”向“实效型”转变。对学生综合素质的评价,从“知识模型”向“企业模型”转变。

(三)队伍建设

路线确定之后,干部是决定因素,建设一支高素质的学生工作队伍,是完成各项学生工作任务的关键所在。首先是建立一支职业化、专家化的辅导员队伍。目前辅导员队伍存在工作经验少,压力大;重管理,轻服务;重行政事务,轻思想引导;职责不清,方向不明等现状。一方面,设立思政培训班、思政课题、思政论坛、思政研讨会等形式,强化工作水平的提升,使每位辅导员成为某一方面的专家,有心理指导、生涯规划指导、创业教育指导等方向。从日常琐事中解放出来,从事更加富有内涵的育人和咨询工作。另一方面,辅导员是个特殊的职业,在政治上是学生的向导,在思想上是学生的知音,在品德上是学生的楷模。要强化辅导员的责任意识,制定辅导员考核条例;强化辅导员的岗位意识,适当给予通讯、交通、值班补贴,高标准进入严控随意流动;强化辅导员的竞争意识,每学年评比优秀辅导员。其次是建立一支学业引导、生活关心的班主任队伍。理清班主任与辅导员的工作职责,使班主任关心学生的专业、学业与就业,每学年评比优秀班主任。三是建立一支素质高、能力强的学生骨干队伍。加大学生干部的培训与入党发展力度,发挥学生骨干在自我教育、自我管理、自我服务中的作用。明确院级与系级学生会不同的作用,明确宿舍管理分会的作用。

(四)文化引领

校园文化是一个院校办学理念和院校精神以及管理水平的集中展示,高度重视和加强校园文化建设,应当也必须是每个高等院校的当务之急。

一是尽早确立校标与校训。校训是校园精神浓缩的文字表达，是校园精神最直接、最集中的反映和体现。二是增强校园文化活动的思想性、知识性、艺术性和高雅性。特别要注重发挥学生社团的作用，把社团作为创新校园文化活动的重要力量，大力支持学生社团开展健康有益、富有特色的文化活动。既发挥学生兴趣特长，又对学生进行了引导。三是加强学校的宣传。一方面是加强与各大新闻媒体的联系，挖掘学校的亮点与特色，提升学校的形象。另一方面是加强校园网建设。改版网站，充实校园网的内容。

（本文发表在《高等农业教育研究》2009 年第 12 期）

5 大学生创业教育转型升级的探索与实践

——以温州科技职业学院为例

谢志远*

摘 要：大学生创业教育是我国高等教育教学改革的新探索，是高等教育大众化背景下，高校人才培养改革的创新实践，是一项牵涉面广、意义深远的社会系统工程。随着我国大学生创业教育理论与实践的推进，大学生创业教育要适时推进七大转型，强化创业教育的内涵建设。即创业教育的理念由技能型教育向素质型教育转型、教育对象由面向个别学生向面向全体学生转型、教育途径由第二课堂向第一课堂转型、教育资源由相对封闭向全方位开放转型、教育方法由借鉴型向本土化转型、教育动力由自下而上向自上而下转型、学生创业实践由自发向有组织的引导转型。

关键词：高校　创业教育　转型

知识生产、创新的根本靠人才，人才的培养离不开教育。如何提高作为人才主力军——大学生的创业创新能力，培养具有创业创新精神和社会责任感、较好地适应经济社会发展需要的大学毕业生，成了高等教育目前亟待解决的问题，更是高等教育发展战略的核心命题。综观我校高校大学生创业教育的现状，存在以下几个方面的问题：一是创业教育人才培养定位认识模糊。鲜有高校把“创业型人才”作为学校人才培养目标、把“创业型大学”作为办学定位的，甚至对“创业型”人才这一概念的理解和认识还十分有限，更谈不上把“建设创业型大学”作为学校的发展定位与目标；二是创业教育缺乏系统性和针对性。目前创业教育课程设置的做法主要有：在学校公共选修课中开设一些经管类课程、就业指导课中有创业知识的部分内容、邀请

---

* 谢志远，温州科技职业学院副院长、教授。

企业家作报告等。现行的创业教育渠道边缘化，创业教育的手段、方法和目标基本上是“洋为中用”的“舶来品”，既没有形成相对独立的教育教学系统，也不适合中国大学生群体特点，缺乏针对性；三是创业教育特别是学生创业实践与专业教育结合不紧密。目前各高校的创业创新教育实践形式主要有创办创业园、创业项目孵化器、商业计划竞赛等，基本停留在学生的课外活动即第二课堂上，从而导致学生的创业创新实践与专业教育和基础知识学习的脱节，似乎创业创新只是某种技能或技巧的掌握而已；四是创业教育与政府、社会的联动不够。目前绝大多数高校在强化大学生创业创新能力培养中，多以学科竞赛、创建科研创新实验基地或科研创业活动基地为载体，缺乏对政府政策资源、社会资源、网络资源等的有效整合，政府有意识的支持有限，社会资源的利用有限，创业教育基本局限于校内，难以获得长足发展。

随着高等教育改革逐步深入，我国高校创业教育的理论与实践也逐渐由星星之火发展成为燎原之势，适时推进大学生创业教育转型发展是推进创业教育内涵发展的必由之路。推进“创业教育的理念由技能型教育向素质型教育转型、创业教育的对象由面向个别学生向全体学生转型、创业教育的途径由第二课堂向第一课堂转型、创业教育的资源由封闭向开放转型、创业教育的方法由借鉴型向本土化转型、创业教育的动力由自下而上向自上而下转型、学生创业的行为由学生自发向导师指导转型”七大转型，是提升创业教育内涵发展的有效途径。

一、创业教育的理念：由技能型教育向素质型教育转型

一个时期以来，高校开展创业教育是出于毕业生就业压力的现实困境，只是为了增强学生的就业技能，给扩招以后为数众多的毕业生找个就业出路。因此，创业教育的出发点也基本停留在培养学生就业、创业技能的层面上，创业教育仅仅作为职业生涯规划课或者就业指导课的一个组成部分。这样的教育理念缺乏较高的立意，仅仅是一个“治标”的权宜之计，与素质教育的要求相去甚远，远不能涵盖创业教育应有之义。

1998年10月，联合国教科文组织在巴黎召开该组织成立50年来首次世界高等教育会议，发表了《21世纪的高等教育：展望与行动世界宣言》和《高等教育改革和发展的优先行动框架》。两个文件都强调，必须把培养学生的创业技能和创业精神作为高等教育的基本目标。《行动框架》则进一步

阐述为了培养学生逐渐成为工作岗位的创造者，要求教师不应仅仅传授知识，而且必须把重点放在教学生如何学习、如何发挥主动精神上，使学生“能独立思考和协同工作”、“能将传统或当地的知识和技能与先进的科学技术结合以产生创造力”。

由此可见，开展大学生创业教育的目的并非是要大学生马上创业，而是意在对大学生创业意识、创新精神的培养，培养其创业的能力、素质，培养其独立意识。今年《教育部关于大力推进高等学校创新创业教育和大学生自主创业工作的意见》进一步明确，“开展创业教育，要以提升学生的社会责任感、创新精神、创业意识和创业能力为核心。”培养学生的综合素质与发展潜能，首先要解决的问题就是要把创业教育的理念由技能型教育向素质型教育转变，把学生的创业素质培养融入人才培养理念中。学院在制定“十二五”发展规划时，明确提出培养具有强烈的创新精神与创业意识的高技能应用型人才，把创业教育上升到人才培养理念层面，并专门制定了学院关于创业教育的“十二五”发展子规划。

二、创业教育的对象：由面向个别学生向面向全体学生转型

“创业教育只针对有创业想法的学生，使其毕业后能直接创办企业”是当前创业教育中普遍存在的误区之一。

其实，创业教育是对于高校教育人才培养模式新的探讨。目前，大学生就业难，一个重要的原因就是高校的人才培养规格与市场需求吻合度不高。当前，企业作为市场经济的主体，需要更多更好的人才，但是很多高校一直以来还是按照计划经济的模式来培养人才，大学生的知识结构、能力素质难以适应企业发展的要求。因此，以培养创新精神、创业意识和创业能力为核心的创业教育，准确地把握了高校人才培养规格的新趋向，历史性地承担了高等教育人才培养模式改革的新任务。创业教育由面向个别学生向全体学生转型是对高等教育人才培养模式创新的积极回应，使每个学生接受创业教育，增强学生的创新与创业意识，使其具有敢于创新和勇于承担风险的精神。

在推进创业教育的理论与实践探索过程中，学院对三大专业群进行不同的创业教育的内容。对农业类学生开展现代农业创业机遇的分析，开设创意农业、农产品经营等教育，树立农类学生创业意识与信心；对信息类的学生，有着良好的技术背景，主要关注商业化的过程，开设市场营销、风险资

本等课程，有助于避免学生在了解市场前景之前进行产品开发的错误导向；对经贸类学生，由于拥有了系统的市场营销、管理等相关的商业知识，针对他们的创业教育主要关注初创企业以及中小企业的管理与成长。

三、创业教育的途径：由第二课堂向第一课堂转型

当前，大多数高校只是将创业教育作为教学主渠道以外的一个附属部分，往往是由团学工系统举办类似于讲座、论坛、创业计划比赛等活动来推行创业教育，并没有将其纳入正统的人才培养计划和体系之中，即使现有的少数创业教育试点院校，其教学模式也往往局限于开设《创业管理》、《KAB创业教程》等选修课程，局限于知识的传授，没有给学生足够的实践机会与发展空间，没有真正做到与专业教育相结合。对此，学院的探索与实践主要从以下两个方面入手：

首先是全面修订人才培养计划。从完善农业类、经贸类、信息类专业的人才培养方案入手，逐步构建起一套理论与实践并举、课堂与课外联动的完整创业教育体系。学院规定创业课程必修学分10分。在试点专业的专业教育中，设置创业实务、专业创业、中小企业创业管理等专业必修课；通过教学主渠道对学生进行系统的创业理论与知识教育。在实践教学环节，提出基础实践、创新实践、创造实践，利用专业实习、实践、综合实习等实践教学载体，强化对学生“学以致用”能力的培养。

其次是搭建专业创业平台。为了强化对学生创业意识和创业实践能力的培养，学院构建了学生专业创业工作室的创业教育实践平台。将以专业为依托的学生创业工作室作为学生创业教育的基本实践形式和载体。强调将学生的自主创业意识转化为创业实践、将专业知识转化为创业的资源，学以致用。全院5个系都有与专业教育相对接的学生创业园，动物科学系设有动物院、农业生产技术系设有现代农业创业园、园林系设有创意农业园、计算机信息系设有大学生网商创业园、经贸管理系设有经贸创业园。

四、创业教育的资源：由相对封闭向全方位开放转型

毫无疑问，高校是大学生创业教育的主导部门，但仅以教育资源为依托，不可能解决创业教育的所有问题，这是我们在开展创业教育的实践过程中得出的统一结论。其实，不仅在整个社会系统中，高校在创业教育中孤军

奋战，即便是在高校内部，创业教育也远远没有形成合力，相当一部分学校从事创业教育的仅仅是学生管理或就业管理的人员，专业教学与研究群体的力量对此缺乏一致的认识，更缺乏统一的行动，众多的校内机构仍然游离于创业教育之外。既没有把校内的资源很好地整合于创业教育，又仅仅局限于校内的封闭资源，没有充分调动政府、企业、社会组织的参与，利用社会资源来弥补学校资源的不足。

鉴于此，学院积极向有关部门申报项目，争取政策、经费支持。学院被浙江中小企业局评定为浙江小企业创业基地，被市委组织部命名为大学生"村官"创业与研究基地，被市农业局命名为温州市现代农业创业园，被市经贸委命名为温州市大学生网商创业园，被团市委命名为温州青年创业学院等等。同时，学院积极与企业合作，定向开设创业型人才培养班。与温州移动公司合作培养"移动客户经理班"；与温州菲林集团合作培养"连锁营销经理班"；与可可里集团合作培养"农产品店长班"等等。充分整合政府、社会资源用于创业教育，大大提升了学院创业教育的水平与成效。

五、创业教育的方法：由借鉴型向本土化转型

自党的十七大提出实施以创业带动就业的战略以来，创业教育被高等学校提上重要日程。但综观我国各高校开展创业教育的基本做法，主要是借鉴国外创业教育的经验，较少考虑我国的国情，更谈不上结合区域的经济文化来开展创业教育了。

从理论上来讲，创业教育既具有教育的统一特性，也具有教育相对独立的特性。每所学校的创业教育应该既有相同点又有自身的特色。学院地处温州这块创业热土，首先依托地域资源因势利导，开展大学生创业教育。温州区域文化中有强烈的创业文化基因，温州有提倡功利、重商、富民的传统。许多中小企业创业者的成功范例为温州社会树立了榜样，使更多的优秀社会人士选择自主创业，形成了民众自发的、你追我赶的创业竞赛。在温州，成为企业家是许多大学生的追求目标与梦想之一。因此，依托独特地域经济文化资源开展大学生创业教育，激发大学生创业热情，培养大学生创业意识，提高大学生创业能力是学院创业教育的一大特色。其次，学院积极传承温州人创业精神，培养学生的创业意识。一是培养大学生艰苦的创业意识，二是培养大学生冒险的创业意识，三是培养大学生创新的创业意识，四是培养大学生合作的创业意识。最后是借鉴温州人的"三无起步、五低起飞"创

业经历，建立专业创业工作室，搭建创业平台，提高学生创业实践能力。学校免费提供场地，学生利用专业，放开手脚，大胆创业。

六、创业教育的动力：由自下而上向自上而下转型

在我国，高校学生创业的动力，最初往往来自学生自身自发地形成的。例如，享誉全国的“挑战杯”大学生创业计划竞赛就发端于1997年清华大学经管学院团委借鉴国外的做法而举办的创业计划大赛。一般来说，这种自下而上的创业教育，带有一定“草根”的特点，优点是有一定的群众基础，缺点是缺乏有效的组织性和系统性，缺乏发展的后劲。这点很像温州的经济特点，民间创业激情活跃，但缺乏政府的引导，产业层次不高，很难转型升级，经济发展后劲明显不足。

联合国科教文组织提出创业教育是高等学校在培养学生学术性、职业性之后的“第三本教育护照”。各个高校应该主动强化学校对创业教育的“顶层设计”，推动创业教育自上而下地开展，形成创业教育的体系。这样，既有利于学校创业教育资源的整合，也有利于创业教育与专业教育的融合，更有利于创业教育的规模化、水平化、层次化推进。例如，福州大学就明确提出建设创业型大学。对此，学院明确提出建设创业型校园，建设一组创业示范店、一条现代农业创业街、一幢创业楼、一片网商创业园。

七、学生创业的实践：由自发向有组织的引导转型

当前，我国高校学生的创业实践，多数是学生自发创办的、主要面向校内市场的、侧重于日常消费品的经营项目，缺乏科技含量与高附加值，基本属于生存创业。如果能在学校有组织的引导、导师有意识的指导下，把科研成果转化为创业项目，既能有效促进产学研的结合，又能大大促进学生创业实践由生存创业向机会创业转变，有利于初创企业的成长。

为此，学院开辟了“导师＋项目＋团队＋基地＋农户”的农类学生创业途径。现有38个团队在导师的指导下进行创业，有水培植物、迷你菜园、水果玉米、无土栽培、盆景果蔬等项目。特别是水果玉米项目，是学院教师科研技术，该学生团队在教师的指导下在校内的实训基地上参与水果玉米的研发。由于这种水果玉米口感特甜、营养好，处于脱销状态，该团队看到了良好的市场前景，去年在瓯海泽雅镇租地10亩种水果玉米大获丰收；该团队

还带动周围农户种植水果玉米，在该镇形成了3000余亩的水果玉米基地，使基地农户致富。

“导师＋项目＋团队＋基地＋农户”的创业途径既是从课堂到田头、到农村，也是科研成果从实验室到市场、到农户；既是农业技术推广的途径，也是农业科研成果转化的途径；既是农类大学生创业成功的途径，也是农类大学生人才培养的途径；既是大学生创业致富的途径，也是农户增收的途径。

大学生创业教育的转型是创业教育由初期探索向中期提升发展的必由之路，是创业教育由面上规模扩张向内涵发展的有效途径，是我国高校创业教育在“十二五”时期的突出战略任务。只有这样，中国的创业教育才能形成自己的特色、体系和成熟的模式，为社会培养出更多更好的具有创业意识、创新精神和社会责任感的合格建设者、可靠接班人。

（本文发表在《高等工程教育研究》2011年第7期）

第四章

创业人才培养

1 探讨大学生“村官”创业存在的问题与对策

谢志远　邵　阳　李上献　刘元录*

摘　要：大学生担任“村官”的做法，为农村培养输送了宝贵的人才，加快了农村脱贫致富步伐，推动了城乡统筹协调发展，成为促进大学生就业的重要途径。但大学生“村官”创业依然处在探索的阶段，不少问题亟待解决。笔者深入基层实地调查，分析大学生“村官”创业过程中面临的问题，并提出解决问题的对策和建议，希望能为政府部门制定大学生“村官”创业的相关鼓励政策提供参考。

关键词：大学生　村官　创业

从 2006 年开始，我国连续 4 年选聘优秀大学毕业生充实到农村和社区任职，目前，共有 20 余万名大学生“村官”投身新农村建设。大学生担任“村官”的做法，为农村培养输送了宝贵的人才，加快了农村脱贫致富步伐，推动了城乡统筹协调发展，成为促进大学生就业的重要途径。但大学生“村官”创业依然处在探索的阶段，不少问题亟待解决。

为进一步鼓励和支持大学生“村官”自主创业，帮助他们更好地利用所学知识服务农村，积极开展惠及当地群众的创业活动，从中央到地方都制定了扶持大学生“村官”自主创业的政策。正是在这样的情况下，笔者深入基层实地调查，分析大学生“村官”创业过程中面临的问题，并提出解决问题的对策和建议，希望能为政府部门制定大学生“村官”创业的相关鼓励政策提供参考。

---

* 谢志远，温州科技职业学院副院长、教授、硕导；邵阳，温州科技职业学院公共教学部副主任；李上献，温州科技职业学院公共教学部助教；刘元录，温州大学 2009 级研究生。

一、当前大学生"村官"创业存在的主要问题

(一)创业融资优惠政策难落实

对大学生"村官"创业而言,筹集资金主要有两个渠道:一是自筹,自筹的数量有限;二是借贷,一则大学生资信不足,贷款不易,二则有期限的要求,不能满足创业的长期投资需要。现有政策中对大学生"村官"创业的两种资金扶持渠道分别是小额担保贷款与技术创业创新扶持基金。就鼓励毕业生自主创业而言,前者额度少、期限短,后者门槛过高,实际扶持力度都不大,很难真正体现对鼓励大学生"村官"自主创业的政策支持。此外,大学生"村官"创业的融资渠道过于单一,主要依靠银行等金融机构。而实际上,风险投资、民间资本、创业融资等都是不错的创业融资渠道。

(二)从政策实施过程来看,还需要规范和细化

虽然现有的创业政策对于大学生在创业中可以享受的优惠政策和优惠贷款进行了规定,但是从实施过程来看,还有待进一步细化,以提高其可执行性。很多大学生"村官"创业者都有体会,虽然已有一些关于创业方面的优惠政策,但是如何执行,创业者应当找哪些部门,应当通过哪些程序来申请,都存在着含糊不够详细的地方,这就在具体的操作上造成一定的问题。甚至出现一些大学生"村官"手握文件向有关职能部门申请创办企业、申请小额贷款、要求减免税收的时候,却常常吃到"尚未接到有关规定"的闭门羹,这一现象在实际创业活动中并不少见。这就使得实际享受到相关优惠政策的创业者的比例下降,一些初衷较好的支持政策未能收到如期效果。

(三)创业政策的相关配套服务还不够充分

创业政策是否有效,不仅取决于政策本身,同时还取决于相关的配套服务体系。如果后者不到位,即使前者设计论证充分,实施细致到位,依然无法取得预期效果。在创业政策的实际执行过程中,从各地的实际情况来看,相应的配套措施还不够健全。例如,针对大学生"村官"创业的基金扶持政策,需要一系列的资金管理和运作流程以有效监控资金的使用去向,同时,这一运作过程又不是简单直接地干涉创业者的经营活动。而目前的创业支持政策还无法满足上述要求。除此之外,一些针对大学生"村官"创业的特

定配套措施也非常重要。例如大学生“村官”大部分时间在村工作，而创业需要有一定的时间和精力投入。但在创业援助政策中，虽然允许大学生“村官”占用一定工作时间用于创业，但没有具体可操作性的规定，难以保证大学生“村官”创业的时间和精力。如果能够在政策层面解决这些资金之外的问题，则能够在一定程度上化解创业压力，提升创业活动成功比率。

（四）大学生“村官”创业技能亟待提高

由于受专业、经历等方面的制约，大学生“村官”有知识缺创业技能、有热情缺创业经验的现象较为普遍。存在专业限制明显、工作经历单一、创业知识有限等现象。上述这些不足和局限，影响了大学生“村官”创业的有效推进。大学生“村官”的创业热情虽然很高，但他们对相关政策法规了解不深。并且没有相关的工作、实践经历，缺乏必要的管理经验、知识技能和足够的心理准备，在创业时无从下手，造成大学生“村官”创业成功率整体偏低。

（五）缺创业项目

许多大学生村官有着创业的美好愿望，但由于客观条件的制约，找准一个符合农村实际和大学生“村官”特点的切实可行的创业项目较为困难。大学生“村官”在农村和社区，信息来源渠道狭窄，对外界创业信息、创业项目等了解不多。由于农村土地承包到户，中央又高度重视“三农”工作，闲置流转土地较少，可供大学生村官创业的土地、场所等村级资源比较缺乏。金融危机后，短期内企业普遍面临着经营发展的困难，生产规模收缩，外加工项目减少，也为大学生“村官”创业项目的选择确定增添了不少难度。

（六）缺氛围，创业环境有待优化

地方党委政府担心大学生“村官”一旦创业失败，欠下债务要镇村“埋单”，导致在引导帮扶中放不开手脚；有些基层干部群众认为大学生“村官”在村里已经有一个稳定的职位，工资财政拨款旱涝保收，而且比村干部要高，现在又对他们进行创业扶持，会引起一些人员特别是失业大学生的不满；大学生“村官”的父母、亲戚朋友怕他们吃苦受累，不希望他们做一些在农村中创业的事情。

二、提高大学生"村官"创业能力的对策

(一)设立分级的融资政策体系

第一,要完善大学生"村官"创业国家小额贷款项目,减少大学生"村官"创业的进入壁垒,使贷款的期限更长一些、额度更大一些、门槛更低一些。第二,要设立种子基金,按照基金运作的方式增加大学生"村官"创业的融资渠道。第三,要出台政策鼓励民间资本对大学生"村官"创业进行风险投资,使大学生"村官"创业可以得到风险投资商的支持。第四,要实施大学生"村官"创业计划的项目化运作,评审后给予项目资金资助。第五,要实现企业与项目、企业与创业大学生"村官"的对接,形成良性互动,既要使相关企业得到益处,也要让大学生"村官"创业在企业的支持下得到发展。要使处于种子期、初创期、成长期的大学生"村官"创业,无论高端创新还是低端创业,都有相应的融资渠道。

(二)开通大学生"村官"创业绿色通道,降低准入门槛,实行税收优惠

成立专门机构统筹办理大学生"村官"创业涉及的各项手续,联合工商、国税、地税、公安、银行、财政、教育、劳动保障、街道办事处等相关职能部门通过简化审批手续,提供各项政策支持,为大学生"村官"自主创业搭建绿色通道。目前各地的大学生"村官"创业扶持政策主要有两类:一类是免去2至3年的登记类、证照类和管理类的各项费用;一类是在申请小额贷款上给予便利和优惠。这些优惠对大学生"村官"初期创业来说是需要的,但实际上,很多大学生"村官"创业就是从创办一个小企业开始的,最需要的其实是准入和税收方面的扶持政策。因此,在准入方面可以采用适当降低注册资本或分期缴付注册资本的办法,降低大学生创业的门槛;在税收方面,政府可以根据产业导向实行放水养鱼的政策,对符合产业发展方向的企业在2至3年内进行税收减免或全额退税,以减轻大学生创业初期的负担。

(三)加快创业配套政策制定,强化政策支持

认真梳理有关职能部门已出台的相关政策,协调有关职能部门研究细化具体操作办法,加大对大学生"村官"创业的政策支持力度。如通过制定《大学生"村官"创业管理办法》,保证大学生"村官"的创业时间。大学生"村

官”独资或作为主要投资人创办对农村经济发展和农民群众致富有较强带动效应的创业项目，在任期内允许占用一半以内工作时间用于创业，其他类型创业的大学生“村官”允许占用1/4以内工作时间用于创业，以满足大学生“村官”创业的时间所需。引导大学生“村官”正确处理好创业与履职的关系，进一步规范大学生“村官”创业管理。

（四）加强大学生“村官”创业能力的培养

重点培养和提高大学生“村官”动手能力、组织管理能力、人际交往能力和创业团队管理与运作能力等综合能力。一是加强大学生“村官”创业风险意识培训，免费提供创业风险预警信息，提升大学生“村官”规避风险的能力。二是加强培训，增强大学生村官创业技能。采取举办培训班、巡回讲课、“专家热线”、现场指导等方式，有针对性地提供项目论证、技术指导和市场信息等系列化服务。三是建立大学生村官创业导师制，明确一名长期在基层工作、业务素质好的专业技术人员作为大学生“村官”的“创业指导员”，通过定期走访、定期交流等方式，为大学生村官创业提供有针对性的指导。四是开展结对帮带活动，安排一名通过合法经营、勤劳致富，在当地有一定影响力的创业大户作为大学生“村官”的“创业辅导员”，进行技术帮扶。此外，我们应重点建立“村官”创业实践平台，让大学生村官到企业挂职。深入企业，了解企业的既是大学生“村官”创业的前提条件，也是对企业家创业精神的直接感受和学习。

（五）注重创业方向的引导，建立大学生“村官”创业项目信息库，降低创业风险

大学生“村官”从城市到农村，他们的优势就在于有文化、观念新。而传统农业的弱点在于规模小、科技含量低。大学生“村官”创业就应该围绕自身专业优势选项目，围绕任职村（社区）的区位优势、产业优势选项目，围绕市场选项目，利用自身优势来带动农村产业升级，在创业的同时带领群众共同致富。如对农业基础较好、土地经营权流转较容易，且有一定涉农技能的大学生“村官”，可以选择一些具有较强引领和带动效应的种养业项目，创办现代农业基地；对农副产品比较丰富的地区，可以引导大学生“村官”利用现代营销理念，通过包装改良、销售渠道拓展、整体形象设计等途径，成为农产品经纪人或创办农业企业；对经营比较粗放、农业服务较弱的地区，可以引导大学生“村官”提供科技咨询、技术指导、机械化耕作等综合服务，创办农业服务公司；对在社区、集镇工作的大学生“村官”，可以创办家政服务公司，提供家政、家教、中介等服务；对当地块状经济比较明显、市场资源比较丰富的地区，可以引导大学生“村官”开设网店。

我们也可以通过面向社会进行广泛征集、各经济部门选拔推荐、企业家协会选送等渠道，征集投资少、见效快、周期短、上马快的项目供大学生“村官”选择。对大学生“村官”自选的创业项目，要从农林、经贸、科技等相关部门抽调一批专业人士组成一个项目论证小组，对大学生“村官”申报的创业项目进行风险把关。坚持创业项目从一开始就要筹划好、扶持好，要搞就要搞出以后能在市场上立足的项目，而不能搞成形象工程、短期工程。

（六）强化资源整合，形成大学生“村官”创业合力

针对大学生“村官”创业过程中少资金、无经验、缺技术等问题，要采取有效措施，整合优势资源，形成合力，共同推进大学生“村官”创业。一要深化结对帮扶制度。认真落实乡镇领导、驻村干部、村主要领导与大学生“村官”结对联系制度，为大学生“村官”创业提供跟踪服务，协调用地、用水、用电等问题，帮助办理项目审批手续；有针对性地组织种养大户、农产品经纪人、企业经营者等农村经济能人，与大学生“村官”项目进行对口帮扶，充分发挥他们市场信息灵、技术成熟、产品包销等优势，为大学生“村官”创业提供援助。二要整合职能部门资源。充分利用省市相关项目扶持政策，积极与农林、水利、扶贫、交通等部门协调，争取上级的项目资金、物资、技术向大学生“村官”创业项目倾斜，助推大学生“村官”创业项目做大做强。三要有效利用社会力量。积极整合科研院所、大专院校等社会力量和资源，组建大学生“村官”创业服务团，加强对大学生“村官”创业的技术指导和服务，提高创业的成功率。如温州瓯海区泽雅和仙岩的大学生“村官”与温州农科院签订合作协议后，区科技局提供科研项目立项便利，并下派科技特派员进行科技指导，加快了科技转化步伐。

（七）强化氛围营造，优化大学生“村官”创业环境

各级党委政府和管理部门要根据大学生“村官”工作情况，将工作积极主动、成绩明显、创业能力强的大学生“村官”进行重点培养，在大学生“村官”中树立创业先进典型。媒体要大力宣传各地大学生“村官”创业方面一些好的经验做法和先进典型，各地也可以通过举办大学生“村官”创业先进事迹报告会或播放创业事迹专题片，宣传大学生“村官”创业典型和创业事

迹，激发大学生“村官”的创业信心和决心，增强基层广大干部群众对大学生“村官”创业富民的心理认同感，为大学生“村官”创业创造一个良好的舆论氛围和社会环境。另外，要积极探索有效方法，在规避大学生“村官”创业风险的同时，避免因任职期满人员流动而影响项目发展。对考取本地公务员和事业单位的村官，可以采取下派挂职的办法，让他们继续在村留任，继续享受大学生“村官”创业的优惠政策，在三年内逐渐实现项目向社会化的转变。对需要离开本地的“村官”，要采取接力形式，从新大学生“村官”中递补创业人员，通过项目转让或股份转换等方式，努力实现项目的平稳过渡和发展壮大，让大学生“村官”创业项目继续发挥更大更好的示范引领作用，不断推进社会主义新农村建设的进程。

（本文发表在《教育发展研究》2009 年第 19 期）

2 青年创业人才培育的探索

——以温州市瓯海区为例

邹良影　谢志远　朱　城*

摘　要：在目前我国就业形势十分严峻的情况下，如何做好青年的就业工作是一直困扰我们的一个问题。青年创业是解决青年就业的一条很好的途径。本文通过对温州市瓯海区的青年创业状况调查统计分析以及国内外的培育方式的比较，探讨如何更好地构建我国青年创业人才培育服务体系。

关键词：青年　创业人才　培育

一、青年创业人才培养对地方经济社会发展的积极意义

（一）创业人才是地方经济社会发展的重要资源

一个地方经济社会发展需要自然资源和社会资源，而社会资源包括人力资源、信息资源以及经过劳动创造的各种物质财富。其中，人力资源中创业人才更是地方经济社会发展的重要资源。所谓创业就是创业者在无序不确定的环境中甘冒风险去寻求机会和把握机会，并在创新的基础上把握市场机会，利用相关的技术和资源，为社会提供产品和服务，以致为社会创造不同价值的过程。创业是社会发展的原动力，在任何一种社会形态，任何一个经济发展时期，创业都能为社会创造价值。创业人才正是创业的执行者、社会财富的缔造者。

---

* 邹良影，温州科技职业学院学工部；谢志远，温州科技职业学院副院长、教授；朱城，温州市瓯海区团委书记。

改革开放30年来，温州经济和社会发展取得了巨大成就，城乡面貌发生深刻变化，除了体制上、机制上以及市场培育等方面的先发优势外，一个内在的根本原因就在于温州素有重商的传统人文基因，这种反对空谈而注重创业的功用型商业文化基因，对温州经济的崛起具有至关重要的原动力作用。

(二)青年是创业人才的主要构成，创业是解决青年就业的重要方式

1.青年成为创业的主力军

据清华大学中国创业研究中心所提供的《全球创业观察中国报告》显示：中国2002年TEA(创业活动指数)为12.3%，2003年TEA指数为11.6%，2005年TEA指数为13.7%。2005年TEA指数在全部参与创业观察的35个国家和地区中排在第5位，即每100名年龄在18—64岁的成年人中有13.7个参与创业。这个数据说明中国的创业活动活跃，也说明我国的经济发展环境比较适合创业。该报告还显示，我国参与创业活动最多的人群为25—34岁，青年成为创业活动的主体。

以温州瓯海区为例，据统计分析281份的《瓯海区青年创业状况调查》显示，目前，瓯海区创业人才年龄主要集中在26至35岁之间，共有200位，所占比例71.2%；其中，年龄在31至35岁的青年尤为积极，共有144人，所占比例高达72%。这是因为这个年龄段的青年比较成熟，自主创新的意识和能力也比较强。可见，青年已成为瓯海区创业活动的主体。

2.创业是解决青年就业的重要方式

国外解决就业难问题最成功的经验是创办小企业和微小企业，带动就业。据美国小企业管理局统计资料表明：全美约有2500万个小企业，其中1700万个为个人独资企业，向社会提供了75%的新增就业机会，雇佣了53%的私营企业劳动力。67%的就业者的第一份工作始于小企业。小企业创造了51%的GDP。发展中国家非正规部门就业占就业总量的比例为：非洲57.2%；拉美36.2%；东南亚和南亚70%；印度92%；非洲和拉美国家新增就业岗位的90%以上由非正规部门创造。

我国就业形势依然十分严峻，实际失业率高达10%左右，而青年占到了相当比例；在城镇每年新增的近1000万劳动力中，青年占大多数，特别是现在高校毕业生总量将达到700万左右，就业难的问题不容忽视，而在1.5亿农村富余劳动力中，向非农领域转移和进城务工的主要是青年。

就业离不开创业，创业是促进就业的优选方案。在我国当前劳动者充

分就业的需求与劳动力总量过大、素质不相适应之间的矛盾十分突出的情况下更是如此。解决就业,仅仅靠在现有岗位中进行调剂是远远不够的,关键在于培养创业型人才,变安置型就业为开发型就业。据《瓯海区青年创业状况调查》显示,目前,瓯海区创业青年文化程度高中以上的占76.9%,青年总体上文化水平相对较高,思维敏锐,从小受到市场经济的熏陶,市场适应力强,是最有条件成为创业型人才的群体。据355份《瓯海区青年创业意向调查》显示,共有255人将近71.8%的青年具有创业的想法,而根据瓯海区青年创业状况调查52.3%的企业是青年个人创办的小型企业。实践表明,创业是青年就业最有效、最积极的方式之一,是青年参与经济社会发展的重要途径。

(三)共青团在青年创业人才培育中的重要作用

党和政府高度重视青年创业,为创业人才培育提供了前提条件。2007年3月,十届全国人大五次会议《政府工作报告》提出"积极支持自主创业和自谋职业"。会议还通过《中华人民共和国物权法》,为青年创业提供了动力机制;2007年8月,第十届全国人大常委会第29次会议通过《中华人民共和国就业促进法》。其中第七条明确规定:国家倡导劳动者树立正确的择业观念,提高就业能力和创业能力;鼓励劳动者自主创业、自谋职业。第四十六条规定:县级以上人民政府鼓励和支持各类职业院校等开展就业培训。所有这些,都为青年创业人才培育提供了良好的前提条件。

共青团组织在青年创业人才培育中的作用凸显。据《瓯海区青年创业状况调查》显示,将近92%的创业者希望得到各种培训及为他们提供信息的服务。团组织既引导青年立足岗位,建功立业,也引导青年适应就业方式的多样化,转变就业观念,勇于自主创业。共青团可创建有利于青年创业的外部环境,以企业为依托,建立青年创业示范基地,成为培训、辅导青年创业、创新人才的重要阵地。目前,共青团通过切实可行的培训活动,培育青年创业人才,如"挑战杯"大学生创业计划大赛,培养创新意识,激发创意思维,提高创造能力,鼓励创业精神;积极吸引海外青年人才回国创业;创办中华青年创业论坛,构建一个当代华人青年思想交流的新平台,展示当代华人青年开放开拓的新形象,开辟当代华人青年联系沟通的新窗口,为全球华人青年创业搭建平台;开展优秀创业青年百校行;等等。

二、瓯海现有青年创业活动的分析

(一)温州的特殊经济背景

温州地区是以家庭工业和专业化市场的方式发展非农产业的,从而形成小商品、大市场的发展格局。小商品是指生产规模、技术含量和运输成本都较低的商品。大市场是指温州人在全国建立的市场网络,1985 年后被人们亲切地称为“温州模式”,其内涵是以个体经济为主要内容,以家庭工业和专业市场为基本形式,通过发展商品经济而促使农村致富。但说到底“温州模式”就是发展市场经济、大胆超前的局部经济体制改革所形成的一种区域经济社会发展模式。在经济运行模式上,以初步的市场机制为农村经济发展的第一推动力;在经济发展模式上,以系列小商品为主导,带动整个区域的商品经济发展。“温州模式”把千千万万的农民卷入创业的潮流中。“温州模式”的实践对促使人们转变观念,接受和赞同发展市场经济起了重要的作用,使越来越多的人认识到,放手发展民营经济的结果,在利益的激励下,蕴藏在人们中的巨大的积极性和创造性会焕发出来,转化成促进经济发展的强大动力。

(二)瓯海青年的构成

据瓯海区公安部门统计,2008 年末全区总人口 40.74 万人。其中,非农人口 7.41 万人,占总人口比重 18.2%。18—35 岁人口 13.07 万人,所占比重为 32.1%;35—60 岁人口 15.29 万人,所占比重为 37.5%;根据以上数据,瓯海区青年所占比例为 32.1%。主要有农村青年、已创业青年、外来务工青年、在校和返乡大学生等。其中,温州市瓯海区历年大学录取数:2002 年为 1453 人、2003 年 2352 人、2004 年为 2578 人、2005 年为 2593 人、2006 年 2459 人、2007 年 2723 人。大学生是瓯海青年的重要组成部分。

(三)瓯海青年创业情况调查

根据 281 份《瓯海区青年创业状况问卷调查》显示,瓯海区青年创业活动日趋活跃。总体情况:瓯海区 71.2%创业者年龄集中在 26—35 周岁,已婚青年是最主要的创业主力军,占创业人数的 79%。创业青年的文化程度逐渐升高,42.3%是高中或中专文化,大专以上文化水平占 32.7%。创业的动因有56.9%青年是为了实现人生价值,30%的青年是为了谋生。创办的公司性质主要有个人所有制、合作制、股份制、加盟连锁店等形式,其中个人所有制所占比例最高,占到52.3%。创业启动资金来源往往是借款、贷款、父母资助、个人打工所得、创业基金申请和合股融资,其中,个人打工所得和借款贷款比例最高各占45.9%,其他都普遍偏低,合股融资仅占到1.4%;据调查,青年创业者在创业过程中,遇到的阻碍因素及企业进一步发展的瓶颈十分的相似,主要有资金缺乏、融资困难,企业创新能力不足,经营者缺乏管理知识、管理能力弱、开拓意识不强等原因,其中,认为企业创新能力不足为主因的有43.8%,资金缺乏、融资困难的有42%,创业青年普遍反映资金缺乏但贷款手续繁杂,自身具备的知识能力不够,需不断地学习充电,而实际中有50.9%青年创业者获取创业方面知识都靠的是自学。有90%创业青年认为有必要建立一站式青年创业服务中心。

瓯海区青年创业者包括各群体:在校和返乡大学生、农村青年、已创业青年、外来青年等,各有各的优势与不足。在校和返乡大学生知识丰富、创新能力强、管理理念先进,但是经验不足、资金不足,常常走弯路。据《瓯海区青年创业意向调查》统计,61.1%的青年认为创业遇到的最大困难是资金问题;农村青年吃苦耐劳能力强、求富动机强烈,但是往往没有相应的理论体系支持其创业;已创业青年有丰富的社会实战经验,但是因为知道创业的艰辛,往往不想二次创业。据《瓯海区青年创业意向调查》显示,仅有32.1%的已创业青年认为二次创业比一次创业容易;外来青年有闯劲、有想法,但是往往因为人生地不熟、社会关系缺乏,创业举步维艰。

三、国内外青年创业人才培育工作的对比分析

在西方发达国家,伴随着其工业发展和社会整合的过程,青年就业问题很早就成为政府和社会面临的重要问题。在这一过程中,不少国家把扶持青年创业作为解决青年就业问题的长效办法,制定、实施了相应的政策培育创业人才,而中国在青年创业人才培育方面相对落后于西方国家。

(一)创业教育不同

创业教育是指在青年进入劳动力市场之前或刚刚进入劳动力市场,所接受的一种培训,内容是鼓励青年自己当老板。在很多国家,创业培训在中学阶段就作为核心课程的一个部分开始讲授,有些国家甚至在小学阶段就

开始开设与创业有关的课程。开设的形式往往采用选修课，或者夏令营、课外俱乐部之类。在澳大利亚、德国和法国，14—16 岁的学生必须要到企业实习 1—3 周。年纪更大一点的中学生，比如 15—19 岁的学生，可以参与到“青年创业计划”当中，他们可以做一些小型的企划方案，这也是他们学校教育的一部分，其成绩可以作为评定奖学金的依据。西方国家中有一些来自企业或非营利机构的志愿者会免费为一些参与创业培训课程的学生提供“一对一”的咨询和指导。另外，学生们还可以参加国内或国际上举办的网上模拟商业经营，表现突出的学生还可以获得奖金。

中国创业教育起步比较晚，创业课程在大学里还不是十分普及，中学及小学更无从谈起。以温州瓯海区为例，据青年创业状况调查显示，16.4%的青年创业者没有获取创业方面知识的渠道，51%的青年创业者是自学获得创业方面知识，32.6%是通过培训或讲座获得创业方面知识。据调查，89.7%的创业青年认为需要在企业管理学知识、生产、财务、营销等方面接受培训。据青年创业意向调查显示，35.4%的创业青年希望参加创业成功人士报告会，49.8%的创业青年希望参加实际技能培训，78.8%的创业青年希望获得市场行情信息。青年希望得到创业教育培养，而实际中，我们提供的教育培养是远远不够的。

至 2005 年，全国青联与国际劳动组织进行了三轮项目磋商，才启动了 KAB 大学生创业教育项目。近年，温州各高校才开设 KAB 创业课程。

(二)青年创业的项目实施情况不同

在国际上有青年创业国际计划（Youth Business International）即 YBI 计划是一个推广和发展英国青年创业模式的协调机构。

创业教育项目（英文名称为 Know About Business，简称 KAB 项目）是国际劳工组织为培养大中学生的创业意识和创业能力而专门开发的新项目，与已经在各国广泛实施的“创办你的企业”项目（SYB 项目）、“完善你的企业”项目（IYB 项目）共同构成一个完整的创业培训体系。KAB（Know About Business）计划旨在为青年提供创业技能，使他们树立正确的创业意识，促使部分青年把自主就业作为职业生涯的一种选择。

英国的“青年创业计划”始于 1983 年。为了解决渐趋严重的青年失业问题，促进青年实现自我就业，英国王子基金（The Prince's Trust）启动了青年创业计划。该计划的主要内容是动员企业界和社会力量志愿为 18—30 岁的失业、半失业青年提供创业咨询以及资金、技术和网络支持。计划实施 19 年来，帮助55000多名青年创立了自己的企业，其中，2000—2001年间帮助了4424名青年人创业。

法国的"青年挑战计划"(Defi Jeunes)，于1987年由青体部牵头启动并开始运行，主要为18—25岁的青年或青年团体开展创新创业项目提供无偿的资金、培训、咨询、中介、后勤服务。在接下来的几年中，该计划的服务对象又逐渐扩大到15—28岁的青年。青年挑战计划实施15年来，共有6.8万名青年参与和申请项目，9924个项目获得了资助(涉及3万青年)，资助总金额达到了2889万欧元(这些受资助项目又额外吸引地方配套投资3587万欧元)。在获得资助的青年中，39%是失业青年，35%的青年只有高中或高中以下文凭，36%的项目牵头人是女青年，50%的项目是与文化有关的项目，80%的项目是长期运营的经营实体。

在我国，1999年启动了"挑战杯"计划，2005年启动了KAB课程。相对于西方而言，存在起步晚、经验不足、覆盖面窄、资金支持不够等问题。

四、构筑多层次、综合性青年创业人才服务体系的设想

青年创业人才培育需要构筑多层次、综合性青年创业人才服务体系。

(一)建立系统的、全方位的创业教育体系

一是要以学校为主，融合企业、民间社团等专家力量设计与推行一套系统性的创业教育课程，内容和实施侧重操作性，对学生进行先导性的创业教育，比如KAB课程的开设。以温州市瓯海区为例，创业青年获得创业知识途径很少，51%的青年靠自学。16.4%的青年没有渠道获得学习的机会。通过学校等统一组织系统的学习对促进青年创业具有极大的推动作用。

二是要通过政府购买社会服务的方式，建设众多的、高质量的创业培训机构，为创业青年提供理论与实践相结合的多阶段培训。据瓯海区青年创业情况调查显示，91.5%的创业青年认为培训或讲座对其企业的发展有一定的帮助。

三是科技部门、劳动部门、共青团组织、高校等相关组织和部门应充分利用组织优势，协调、调动企业资源，为青年提供创业实训的服务。比如分层次培训基地建设。政府要制定各层次的创业培训基地的建设标准，并给予各层次创业培训基地建设一定的资助和扶持；考核评估各培训基地，对优秀者颁发"大学生优秀创业培训基地"牌匾，合格者颁发"大学生创业培训基

地”牌匾，有组织、有计划地安排大学生进入各基地创业培训。各高校要与大学生创业培训基地建立合作共赢的固定联系，通过创业培训基地的实践，开发大学生的创业能力，积累大学生的创业经验，使更多的大学生走上自主创业之路，成为我国市场经济发展的企业家人才。

四是政府部门、共青团、高校等各有关组织和部门要积极为青年创业者物色创业导师，使更多的青年在创业过程中享受到免费的、陪伴式的辅导。比如在校大学生可以由有创业经历、理论丰富的教师指导学生创业。其他创业社会青年，可以由各创业成功的、经验丰富的企业家指导其创业。

五是各有关组织和部门要积极培育、宣传青年创业典型，为广大青年树立榜样，营造鼓励创业、支持创业的良好社会氛围。

六要加强创业指导。各部门要形成合力，进一步完善创业再创业配套服务设施。建立全民创业指导服务体系，搭建全民创业信息服务平台，为创业者提供政策、信息、项目、融资、技术等咨询和指导服务。推动各类孵化器、创业园区、创意街区等创业基地建设。

（二）建立多形式、多渠道的资金融通体系

根据《瓯海区青年创业情况调查》显示，42%青年认为资金缺乏、融资困难是阻碍其发展的原因，79.7%的青年创业融资渠道是通过民间融资和银行贷款，但是54%的青年反映银行贷款手续繁杂，办理时间长等问题。在瓯海区青年创业意向调查中，发现60%青年认为阻碍其创业的原因是资金问题，如果提供其小额贷款，67.8%的青年表示愿意去参加创业。要建立多形式、多渠道的资金融通体系。

一要进一步完善小额担保贷款政策。根据目前《温州市区小额担保贷款管理方法》规定：对失业人员、城镇复员转业退役军人自主创业自筹资金不足的，可提供小额担保贷款。贷款额度最高为5万元，贷款期限最长不超过2年，到期还本付息后，符合条件的可展期一次。对合伙经营和组织起来就业的，可根据从业人数和经营项目扩大贷款规模。小额担保贷款利率在人民银行公布的贷款基准利率的基础上由财政按规定贴息。通过信用社区建设等办法，降低反担保门槛。进一步加大对符合条件的劳动密集型小企业的贷款贴息支持力度。

二要鼓励引导风险投资(venture capital)。完善各项风险投资制度，鼓励风险投资人对具有发展潜力的青年创业项目进行投资。

三要设立专项创业资金。由政府主导，组织企业、协会等设立专项创业基金，发挥担保、贴息和“天使”资金的作用，为青年创业提供资金支持，并向弱势青年和高新人才倾斜。

四要进一步发挥中国青年创业国际计划（Youth Business China，简称YBC）的作用。为创业青年提供导师辅导以及资金、技术、网络支持，帮助青年成功创业。

五要建设融资环境。政府应不断改善金融环境，完善创业投资政策法规和担保体系，吸引更多的民间金融投资和银行贷款支持青年创业。

（三）建立多功能、高质量的中介服务体系

据《瓯海区青年创业情况调查》显示，有90%以上的创业青年认为有必要建立一站式青年创业服务中心为青年提供各种便捷服务。

一是建立各类信息咨询、资信评估、项目评估、资产评估、财务顾问、产权交易以及青年创业相关等各类机构，比如建立健全政府大学生创业促进委员会，重点支持、指导相关高校加强对大学生企业家资质的开发培养，鼓励和帮助大学生到急需的地方自主创业。这些都能为青年创业提供高质量的便捷式的支持服务。

二是要整合政府部门、高校、企业等各方面人力、技术的资源，为青年创业提供人力、技术上的支持。充分以各类创业园区为依托，孵化青年创业意识为青年创业提供便捷的“一门式”服务。

三是政府部门、高校、企业、共青团等有关组织应加强合作，优势互补，联合开展服务青年创业的活动，形成服务青年创业的合力。

四是建立健全创业咨询指导培训机构，通过提供创业计划、创业项目需求、创业政策法规、创业技巧、创业注意事项等所需信息或指导，帮助和促进大学生创业。

五是强化人事人才公共服务机构建设，能够为创业的大学生提供包括人事档案管理、落户以及职称评定、“三险一金”、出国政审、结婚及计划生育证明和子女上学等所需人事代理，解决创业者后顾之忧。

（四）建立多方位、易获取的信息交流体系

一是发挥政府的信息资源优势，搭建高效的青年创业信息平台，推进信息资源共享，便于创业青年自主查询和获取信息。根据《瓯海区青年创业意向调查》，创业青年希望获得市场行情、宏观政策、投融资、经营管理等信息。其中，78.9%青年希望获得市场行情信息。33%的创业青年认为政府提供的信息不充分，实用性不强。这就要求我们建立青年创业信息平台，比如建立健全创业项目信息库，定期或不定期、分类分级召开国际、国内地区及城市或县域经济发展创业项目推介会、展洽会，采集、统计、分析、编辑、发布创业项目供求目录，及时为大学生提供各类可选择的创业项目或信息，给予可行性指导。

二是以高校、研究机构为主，吸纳政府官员和企业家，建立“青年创业研究和信息服务中心”，为青年创业提供高技师的多层次信息服务。

三是共青团组织、高校中介机构等发挥组织优势，组织“青年创业者俱乐部”等学习交流活动，增加创业青年的组织归属感，拓展青年的商务人脉。

(五)为青年创业搭建宽阔平台，完善制度保障

第一，营造良好的政策、法规、法律环境。扶持青年创业的法规、政策旨在激励创业动机，减少创业障碍，改善创业环境，保护创业者权益。针对当前青年创业中的实际困难，根据《瓯海区青年创业意向调查》，44.4%青年认为政府在创业政策中应落实税收政策，减免初次创业人员税赋；72%青年认为应减免行政收费。一方面要督促各级各部门将现有的各种优惠政策落实到基层，诸如银行的商业贷款、小额贷款、政府和其他机构的无偿自主风险投资资金、创业基金等等，以降低青年创业风险，提高成功率。另一方面及时对法规、政策的不合时宜之处进行修订完善，尤其要下决心清理各种名堂的乱收费。同时要出台新法规、政策。比如在《促进就业法》颁布实施的基础上，应抓紧研制《促进创业法》，后者的层次、必要性要比前者更高、更迫切，可为青年创业活动铺平道路、扫除障碍。完善扶持政策，优化创业环境。

第二，构建党政群社相互协调体系制度。青年创业活动是一项复杂的社会工程，涉及政府、市场、社会方方面面的关系。因此，建立有效的青年创业服务体系，需要广泛动员全社会的力量，特别是政府各职能部门、工青妇单位、工商企业界、社区系统要相互协调，形成合力。劳动、财政、工商、税务、银行、经贸等部门要密切配合，形成部门联动、各负其责的工作机制。各级党群组织，特别是共青团组织要充分发挥其在青年创业中的作用，加强业务指导，积极开展服务，在人力、物力、财力上加大投入，整合资源，千方百计为青年创业营造良好的外部环境。

第三，树立典型，营造氛围。氛围影响观念，观念决定行动。新闻媒体、互联网络要大力弘扬创业精神，倡导创业理念，积极传播“自主择业，灵活择业，自主创业”的新就业观，大张旗鼓地宣传自立自强、奋发图强、成功创业的青年先进典型，树立一批青年创业楷模，在全社会真正树立起尊重劳动、尊重创造的理念，营造鼓励青年创业、支持青年创业、帮助青年创业的良好社会氛围和舆论环境，鼓励更多青年更新观念，大胆尝试，争做创业先锋。

（六）建立青年创业人才培育的反馈、评价体系和跟踪研究

一是对多层次、综合性青年创业人才服务体系进行评估。根据该体系在青年中发挥的作用进行全面细致的评估，对不足的地方及时改进修正。二是对青年创业人才培育的效果进行评价、跟踪调查。三是对青年的创业项目进行评价、反馈、跟踪研究，并对该项目进行梳理，提取经验。四是对青年创业人才进行跟踪研究、评价，比如有多少青年是进行多次创业的，创业的效果如何等。

通过全面的反馈、评估体系和跟踪研究，建立一站式青年创业服务体系，为青年创业提供最优质的服务。

（本文发表在《创新与创业教育》2010 年第 1 期）

第五章

创业资源整合

1　利用温州地方优势开展大学生创业教育

谢志远*

摘　要:本文提出利用温州优势,发扬温州创业精神,培养大学生创业意识;结合温州地方特色,培养大学生创业能力。

关键词:温州　大学生　创业教育

温州民营企业多,市场经济发达。温州的一些企业家,他们在创业初期是小学毕业、初中毕业,并没有受过高等教育,许多人文化程度都不高,但他们靠自主创业取得巨大成就。利用温州地方优势,发扬温州创业精神,培养大学生创业意识;结合温州地方特色,培养大学生创业能力。在温州这块热土上开展大学生创业教育,更具有指导意义。

一、发扬温州创业精神　培养大学生创业意识

(一)温州创业精神的内涵

著名经济学家董辅礽认为,温州模式最重要的是"精神",一种强烈致富欲望和创业精神。温州的许多民营企业家,他们在创业初期是小学毕业、初中毕业,并没有受过高等教育,无论是正泰集团、德力西集团的董事长南存辉、胡成中,还是康奈的老总郑秀康,美特斯邦威的老总周成建,一位是修鞋匠,一位是裁缝师傅,他们也都是艰苦创业起家。这与20世纪80年代改革开放初期充满商机有关,但更重要的一点与温州人的创业精神有关。高等学校很多学生成绩很好,但到社会上工作,能力不是很强,不能创业,缺的就

---

* 谢志远,温州师范学院美术学院党总支书记,副教授。

是这种精神。那么，温州人有哪些创业精神呢？温州人的创业精神归纳起来有以下三个特点：一是特别能吃苦的创业精神。80年代温州就流行这么一句顺口溜，“温州人白天当老板，晚上睡地板”，吃苦耐劳的精神是温州人的骄傲。又有人说：“上海人有一块钱就要打扮，广东人有一块钱就要出去玩，北方人有一块钱就要去神侃，温州人有一块钱也要做老板”。不畏劳苦，艰苦创业，是温州人的执着追求。江泽民同志曾这样评价温州人：“沿海赋予他们这种开放的精神，冒险的精神，最主要的是温州人能吃苦。”二是特别能闯、敢冒险的创业精神。温州人不仅在温州本地创市场，而且跑到全国各地办市场、闯市场，甚至把市场直接拓展到国外。“哪里有市场，哪里就有温州人；哪里没有市场，只要有温州人就可开辟出新市场”。总而言之，温州人具有特别能开拓市场的闯劲和冒险精神，正是具有这种创业的闯劲，使温州人在竞争激烈的商海中有了自己一席之地。不管天南地北、海内海外，都有温州人创业的身影。三是特别能创新的创业精神。改革开放30年来，温州人敢为天下先，成功地走出了一条脱贫致富的区域经济发展之路。事实上，改革开放过程中出现的许多新事物如金融浮动利率、股份合作经济、农民进城等等，都是由温州人先吃第一口，先迈第一步，然后推向全国的。温州人发展市场经济所形成的许多先发优势，都是由温州人敢为天下先所取得的，它体现了温州人一系列的全国第一，如第一批发放的个体工商户执照，第一批股份合作制企业，第一个开辟的经营包机航线等等。这些都体现了温州人特别能创新的创业精神。

（二）培养大学生创业意识

发扬温州创业精神，培养大学生创业意识，浅谈以下三点体会。

1. 培养学生艰苦创业的意识

现代社会日新月异，许多学生是独生子女，依赖性强，自主性差。据笔者所在学校所做的一项有关学生经济状况调查的统计显示，有80%学生带有手机，每月生活费在500元以上，甚至有些高达2000元，连一些特困生也一边贷款上学、一边交女朋友，潇洒花钱。艰苦朴素、勤俭节约的观念淡薄，养尊处优的生活心态很普遍。如果对这些学生不进行艰苦创业的教育，一旦他们毕业，就容易造成“眼高手低”、“小事不愿做、大事做不了”的被动局面，为此，要对大学生进行艰苦创业教育。一是要引导大学生处理好勤俭节约与必要的生活改善方面的关系。随着我国经济的发展，适当提高消费水平是必然的，勤俭节约不是要过苦日子。但是讲排场、比阔气、贪图享乐、铺张浪费，不仅不符合国情，而且玩物丧志，失去开拓进取的动力。二是在校园内外开展勤工俭学活动，通过实践使学生亲身感受到“钱来之不易”。三是用温州人艰苦创业致富的典型事迹去激发学生艰苦创业的热情。

2. 培养学生敢闯敢试的冒险意识

现在的父母为了能使孩子达到他们理想中人才的目标——上大学、出国或有一份理想的工作，便按照自己的主观愿望给子女安排好一切。“一心只读圣贤书”的现象普遍存在。这种过分的包办使学生丧失了许多敢闯敢试意识形成的大好时机。另外，现在的大学生管理往往强调大一统的管理，强调纪律的重要性，忽视了学生个性的发展，不利于大学生敢闯敢试意识的形成。为此，一要加强大学生的心理素质教育，既能看到自身的优劣、扬长补短，更能毫不畏惧地迎接任何困难与挑战，既要有卓越的胆识，又要有坚强的意志，豁达的胸襟。二要介绍成功创业者的典型事迹，激励大学生敢于创业。

3. 培养学生的创新意识

由于部分高校以知识灌输为主要教学手段，培养出来的学生不能适应社会的要求。离开了教师、离开了教科书，学生就不会自己走路，不会自己独立搞科研。创业教育关键是学生创新意识、创新能力的培养。为此，一是学校在培养目标、人才规格的制定上要贯彻加强基础，拓宽专业，注重素质、强化实践教学，注重创新能力培养的思想。二是开设活动课程，提高学生创新能力。积极开展第二课堂活动，大到创业计划大赛，小到提出一个“新点子”，都应纳入创业教育范畴。三是创设一种创新的社会氛围。

二、结合温州地方特色　培养大学生创业能力

温州民营企业多，经济活跃，处处充满商机。如何结合温州地方特色，培养大学生创业能力，我们尝试开展以下四方面工作。

（一）紧密结合地方特色，制定人才培养发展方向

紧密结合温州的地方特色，充分发挥在温州的优势，这才是自己发展的不竭动力。比如设计专业，全国各个美术学院都在办这个专业，并且扩招了很多学生，怎样才能使自己的专业办得有特色、有活力，在市场竞争中立于不败之地？早在两年前，我们考察了温州的鞋厂，大大小小共有三千余家，温州需要大量的鞋样设计师，尽管有温州高职院、浙江东方学院在办鞋样设

计的学生，但他们都是高职类，培养的是技师，我们是本科，培养的是设计师。另外，全国就只有西北轻工业学院有鞋样设计的本科生，但他们在西安，他们的学生也要在温州实习、就业，而我们则占地利优势，提出艺术设计专业鞋样设计方向。现具有很好的发展前景。在1月份我们成立了中国鞋都信息中心。聘请了康奈、奥康、吉尔达等鞋业的老总和部分设计师作为我们的兼职教授。我们还建立中国鞋都信息中心网站，发布有关鞋业信息与学生设计作品；建立做鞋实训车间，要把我们学生培养成国内一流的鞋样设计师。

(二)充分利用社会资源，加强与社会的联系

我们培养的学生能否在社会上有立足之地，能否适应社会，能否创业？我们不能关门办学，而应该让学生到企业、公司中去，强化实践教学。我们首先通过校友的关系，建立了在温州办广告、装潢公司的校友定期交流会。其次，主动出击，向温州三百家广告装潢公司散发我们明年设计毕业生的情况，诚聘实践、实习基地。到目前为止，已建立了温州云艺集团、温州新视觉广告企划公司等四十余家实践、实习基地，聘请企业人员，作为实习指导师，使我们培养的学生具有较强的社会适应能力。第三，我们开创性地举办了美术学院设计专业暑期实践招聘会，企业与学生双向选择，将就业市场的双向选择机制引入在校学生的社会实践中，这本身就是一种开创性的做法。第四，与温州市长城人才开发公司签订协议，帮助我们指导学生就业创业等，引进市场就业指导机制。

(三)开展勤工助学，培养学生自立自强的能力

开展勤工助学活动，这是大学生创业的一种重要形式，有利于培养他们自立自强的创业能力。可以发挥自身的知识优势从事家教服务，可以发挥自己的专业优势从事技术服务，也可以从事以体力劳动为主的劳务服务。一些缺乏资金和管理经验等条件的大学生，通过为社会和他人搞勤工助学活动，既可以依靠勤工助学取得一定的经济收入，弥补学习费用不足，减轻家庭的经济负担；又可以在实践中培养艰苦创业的精神，增强劳动光荣的意识，磨炼吃苦耐劳的品质，学会自立自强；还可以培养适应社会的能力，增加创业的体验，熟悉社会环境，学会社会交往。

（四）建立大学生创业中心，开展大学生创业教育活动

由于温州处处充满商机，并且美术学院的专业具有市场化运作的特点：第一，投入的资金较少，如设计工作室，只需电脑、打印机。第二，发展的空间较大，如温州产品设计、包装、广告等都与我们有关。第三，学生掌握的知识在最短的周期内转化为商品，如家居装潢设计，每平方米20元。我们去年成立了温州高校首家大学生创业中心，下设学生画廊、设计工作室、课件制作工作室等7个工作室。让学生充分展示自己的才能。经过创业教育与活动，同学们的能力得到提高，知道怎样与客户打交道，怎样使自己设计的作品得到客户的满意，设计作品从原来自己怎么想怎么做，到客户怎么想怎么做，再到怎样引导客户想法，使客户满意，自己的社会活动能力得到加强。

（本文发表在《教育发展研究》2004年第4期）

2　侨务资源:大学生创业教育的重要方面

谢志远　李上献　刘巍伟*

摘　要:侨务资源是大学生创业教育发展过程中非常重要的一种特殊资源。大学生创业教育需要借鉴海外华侨华人的创业经历、创业精神和创业资源,指导大学生创业实践、培养大学生创业意识以及拓展大学生创业海外项目;通过搭建华侨华人与大学生创业交流平台、构建大学生创业海外实习基地和设立大学生创业基金,从而推动大学生创业教育的发展。

关键词:侨务资源　大学生　创业教育

目前,海外华侨华人总共约4800万人,遍布五大洲。这些华侨华人大都经过几代艰苦创业,已经积累了雄厚的经济实力,并逐渐融入当地社会,同时又与我国有着血缘和地缘关系,因而华侨华人的创业经历、创业精神、创业资源等是大学生创业教育发展进程中不可小视的独特资源。如何利用这些宝贵的侨务资源来加强大学生创业教育,这是学界所应关注的重要课题。本文欲对这一问题做初步的分析和展望。

一、丰富的侨务资源

侨务资源是一种具有独特优势的资源,它主要指海外华侨华人的综合资源储备。我国侨务资源十分丰富,不但资金雄厚、人才众多,而且具有遍及世界的商业网络。本文主要介绍华侨华人创业经历、创业精神以及创业资源。

* 谢志远,温州科技职业学院副院长、教授、硕导;李上献,温州科技职业学院公共教学部助教;刘巍伟,温州大学2008级硕士研究生。

(一)华侨华人创业经历

漂流异国他乡的华侨华人，绝大多数出国时两手空空、一贫如洗，他们有寄人篱下之辛酸，有种族歧视之艰难，有政治压迫之灾难，凭着艰苦奋斗而驰骋商海。几代人饱含辛酸的创业经历大致分为以下三个阶段：

1. 酝酿阶段(20 世纪 20 年代至 40 年代)。早期出国的华侨华人，大部分出身于农民、手工业者，他们往往迫于生计前往异国他乡谋生，且文化程度较低，只能出卖自己的劳动力或凭借“四把刀”(菜刀、木工刀、理发刀和剪刀)来解决生存问题。经过几年的奋斗，他们积累了少量的资金，或独资或与人合资开办餐馆、理发店、洗衣店、杂货店等。第二次世界大战结束后，各国需要一个休养生息的过程，经济一时难有大发展。各地华侨华人经济虽没有什么起色，但已经处于酝酿时期，为后几代人的创业做好了准备。

2. 起步阶段(20 世纪 50 年代至 70 年代)。随着世界经济的复苏，世界各国的经济逐渐走向繁荣，这就为华侨华人提供了创业良机。他们纷纷扩大经营规模，不仅做大做强父辈的传统产业，而且不断向新的领域拓展，如在电器、房地产、外贸、化工等行业崭露头角，获得可观利润的同时也为以后事业上的更大发展奠定了基础。

3. 发展阶段(20 世纪 80 年代至今)。华侨华人虽然已经开始其经济多元化经营进程，但从行业上看，餐饮业、服装业和皮革加工业依然是华侨华人经济的支柱产业。华侨华人的餐饮、服装和皮革加工行业，在欧洲尤其是意大利、西班牙和法国等国占有重要地位。新一代华侨华人不断改善家族经营模式，注入先进管理方法，使企业向国际化、现代化方向转化。如正大集团在家族第二代管理者的领导下，不断革新经营理念，已跻身东南亚规模最大和最具影响力的企业集团之列。

(二)华侨华人创业精神

中国经济取得的辉煌成就，海外华侨华人功不可没，他们的创业精神已经载入中国经济发展的辉煌史册。我们把海外华侨华人创业精神概括为“勇于自主、敢为人先、善于合作、富于创新”。

1. 勇于自主。“天行健，君子以自强不息”。从鸦片战争到新中国成立之前，国无宁日、民不聊生。华侨华人没有消极地依赖政府，更没有自怨自艾、自暴自弃、甘受贫穷命运的摆布，而是走出国门，立足于自身奋斗，锐意改革，靠自己的勤劳和智慧，闯出一条脱贫致富之路。华侨华人在求生存求发展的奋斗历程中所表现出来的强烈的自主意识，充分表明他们已率先摆脱了“等、靠、要”的依附意识，这种骨子里的自强不息的坚定信念使华侨华人经受住了各种艰苦环境的考验，经受住了激烈的市场竞争的考验。

2. 敢为人先。华侨华人有今天这样的成就，与他们身上敢为人先的精神是分不开的。概括地说，华侨华人的敢为人先，集中表现在两个方面：第一，在思想解放上，敢为人先。华侨华人往往走在前头，许多别人不敢碰、不敢破的传统观念、传统理论，他们率先冲破，这使他们在市场经济的过程中抓住了一个个稍纵即逝的机遇，获得了丰硕的回报。第二，在市场争夺上，敢试敢闯。哪里有市场，哪里就有他们的身影。在发达的欧美国家有他们显赫的战绩，如巴黎3区的皮具行业原来都是被犹太人所垄断，如今，这里已是华侨华人的天下；在落后的亚非拉国家也留有他们征战商场的非凡业绩。

3. 善于合作。合作创新、共生共赢，是海外企业家的现代理念之一。这种精神使得华侨华人在远离邦家、孤立无援的异域他乡，能够凭借自身的团结，守望相助、同舟共济，求得共同生存和发展。华人华侨善于亲和，易于抱团，有强烈的认同感、归属感，有强烈的向心力、凝聚力，他们之间既彼此竞争、单打独斗，又较为团结互助、双赢共享。华侨华人讲义气、重感情、会关系，亲缘、地缘、神缘、业缘和物缘，以亲生亲，以情联情，亲和乐助，抱成一团，协作联络，做优产品，做强企业，做大行业。正是这种先进的群体意识凝聚着华侨华人的集体智慧和创新精神。

4. 富于创新。世界上唯一不变的法则是“变”。富于创新，已成为华侨华人创业文化的重要特征之一。华侨华人在海外无资金、市场、技术等优势，在这种十分困难的情况下，为了适应当地的经济成长环境，他们另辟蹊径，矢志创新，靠发展小商业、轻工工业为主，走出了一条“人无我有，人有我优，人优我廉，人廉我转”的成长道路，迎来了一片崭新的天地。华侨华人世界，无论工与商，大多是家族企业，当家族企业的发展遇到瓶颈时，他们率先对家族企业的管理模式进行改革，如实行企业股份改革、引入职业经理人等等，给企业注入新的活力。

(三)华侨华人创业资源

创业资源是创业者在创业过程中所需要的各种生产要素和支撑条件。人才、资金、市场、管理和技术等资源对创业的成功起着至关重要的作用。

1. 人才资源。老一代华侨华人非常重视对子女的教育，这些高素质高学历的新生代和新华侨华人正在成为海外华侨华人社会日益活跃的力量。

他们主要从事IT、房地产、金融和医药等行业，如英特尔公司首席技术官容志诚、美国花旗银行副总裁吴航正、格莱美唯一华人评委池如淮等。这些杰出人士的知识结构、公关能力、团队协调能力、管理经营能力、社会关系资源等，得到了社会的普遍认可。

2.资金资源。海外华侨华人经济发展迅速，总量日益扩大，实力不断提升。2002年台湾《全球华人经济实力现状与展望》研究报告显示，海外华人资产总额为11588亿美元，2004年达到2万亿美元。《2007年世界华商发展报告》保守估计是3.7万亿美元。从以上几组统计数据来看，海外华侨华人具有相当可观的经济实力。

3.市场资源。海外华侨华人拥有广泛的商贸网络，它是以海外华人的亲缘、地缘、神缘、业缘和物缘等"五缘"为基础发展起来的。海外华商网络将华人企业编织进了广泛的国际商贸市场，加速了华人资本的国际化进程，有效拓展了其海外投资的市场空间。

4.管理资源。新一代华商已经渐渐转变了他们以往的经营管理模式，凭借以高新技术为基础的商品、货币、资本和金融网络，以独特的"中西合璧"的管理模式，以灵活多变的方式应对变幻莫测的市场，为"同族血缘"、"同乡地缘"、"同行业缘"的华商经济赋予了全新的意义。

5.技术资源。海外华侨华人人才济济，其技术实力正在稳步增长。以美国为例，截至2005年7月，在美国的华人大概有330万，只占美国人口的1%，但其科技实力却不容小觑，科技专业几乎涵盖所有高新技术领域，而且很多人在美国的高科技公司或研究机构担任重要职位，掌握着世界先进的技术。

二、侨务资源对大学生创业教育的积极作用

侨务资源是华侨华人长期闯荡世界形成的一种宝贵资源，这种资源蕴含着艰辛、勇敢与智慧等财富，它对大学生创业教育有着极其重要的指导意义。

（一）借鉴华侨华人创业经历，指导大学生创业实践

华侨海外创业经历异常艰辛，创业初期可谓"三无"起步，"五低"起飞。即所谓"无资金、无技术、无市场"，"起点低，知名度低，文化程度低，企业组织形式低，产业层次也低"。但就是在这样的条件下，华侨华人硬是凭着吃苦耐劳、白手起家、百折不挠的精神一步步走向成功，创造社会财富。这对于掌握社会资源有限的大学生基于"低成本、少投入、小规模"的创业实践具

有重要的借鉴价值。

由于大学生的年龄、阅历、心理等方面和有社会经验的人相比，本身处于劣势，并且缺乏从职业角度整合资源、实施管理的能力，以及足够的资本支持，大学生创业可谓举步维艰。因此，我们可以为大学生打造“低成本、少投入、小规模”创业模式，建立与专业紧密结合的创业工作室。这种模式的优点在于：首先，无须高成本，利用所学专业知识进行创业，学校免费提供场地，搭建创业平台。其次，可以边创业边完成学业。在一个无需掌握过多管理、市场、营销等多方面创业知识的情况下，提供真正适合学生的创业环境，为大学生创业减少障碍，增强大学生创业信心，轻松迈出创业的第一步。大学生可以在自己的创业实践中不断地学习知识和积累经验。再次，配备完善的服务平台。搭建指导服务平台、培训平台和项目孵化平台；由创业专家与企业家组建“创业导师库”指导大学生科学创业，使他们少走弯路。

(二)借鉴华侨华人创业精神，培育大学生创业意识

改革开放 30 年来的经济发展实践和成就一再证明，在我国这样一个人均资源匮乏、工业基础薄弱、无明显技术优势的国家，解决众多人口就业问题的根本出路在于人民的自主创业。华侨华人的海外创业极大地拓展了就业市场与空间，创造了巨大的社会财富，他们通过各种创业途径将其“自主创业的精神，善于合作的创业精神，特别能闯、敢于冒险的创业精神，特别能创新的创业精神”推广到世界各地，对大学生创业意识的培养具有重要的指导作用。

第一，培养大学生的自主创业意识。没有自主意识，就没有个人的创造性思维，更谈不上大学生的创业实践。当代大学生大多是独生子女，由于父母望子成龙、望女成凤的热切期盼，家庭教育已呈现过多包办和过分溺爱趋向，这就造成了大学生对父母的依赖性较强。在竞争激烈的市场经济中，培养和树立全社会的自主创业意识，使其具备独立、自信、自主等品质，显得尤其重要。第二，培养大学生的团队意识。华侨华人取得成功的法宝之一就是群体精神。大学生创业过程中，团队意识是不可或缺的。团队意识强调的不仅仅是一般意义上的合作与齐心协力所带来的“$1+1=2$”的效果。要发挥团队的优势，其核心在于大家加强沟通，发挥个性优势，在团结协作中实现优势互补，产生积极协同效应，带来“$1+1>2$”的绩效。第三，培养大学生的理性冒险意识。冒险精神本来是人类发展不可缺少的动力，然而由于传统文化更多地视之为异类，在政策制度层面也很少获得具体的支持。目前，几乎所有创业者的定义都会提到风险承担这一因素，无论财务方面、社会方面的风险，还是心理方面的风险，都是创业过程不可分割的一部分。因此，我们应当注重大学生理性冒险意识的培养，使他们更有自信心、更有勇气。第四，培养大学生的创新意识。创业是一种创造性的继承，是一种继承性的开拓。华侨华人商团扬名海内外正是凭借这种开拓创新精神，硬是闯出一条独特的商业道路。随着社会知识化进程的加快，单纯满足于学校的书本知识所培养出来的大学生已很难适应社会的变革。人才质量的高低在很大程度上取决于其创新意识和创新能力的高低，而这正是我们应当向华侨华人学习的地方。

(三)合理利用华侨华人创业资源，拓展大学生海外创业项目

华侨华人海外创业足迹遍布世界各地，他们成立了数以万计的华商会、和平统一促进会、同乡会、华侨华人协会等与祖国联系密切的华侨华人社团组织，拥有众多高科技人才、雄厚的资金、巨大的商贸网络、先进的管理理念等。如此得天独厚的华侨华人创业资源是把大学生创业项目引向海外的重要基础。突破传统，把大学生创业项目拓展到海外，华侨华人创业资源的作用不可替代。

创业本身就是一种资源的重新整合。大学生创业一方面需要用到大量资源；另一方面，大学生缺乏自我积累创业资源的实力。所以，大学生创业只有从外部获取充足的创业资源，才能实现快速成长。整合华侨华人创业资源，拓展大学生海外创业项目，这是大学生做强做大创业项目的新钥匙。例如，温州大学服装学院有位学生，其大多亲戚是在欧洲经商的华侨。该学生设计的服装图纸很受当地服装厂商的欢迎，但他并不满足于现状，乘亲戚回乡探亲之际，说服他们帮助推荐其图纸给国外厂商。在他们的帮助下，通过海外华侨华人庞大的商贸网络，最终把该学生的服装设计图纸成功推荐给了欧洲服装生产商，该学生也为自己的业务推向海外找到了突破口，并在海外打开了广阔的市场。合理利用华侨华人创业资源，拓展大学生创业海外项目，这是大学生创业发展的新路径，也必将使大学生创业教育的道路越走越宽。

三、侨务资源与大学生创业教育发展展望

近年来，我国大学生创业教育虽然取得了很大的进展，但展望未来，依

然任重道远。正如国人开创了本土创业和海外创业两个领域一样，大学生的创业教育与创业实践也必将呈现同样的特点。4800万海外华侨华人将是大学生把创业项目拓展到海外与侨务资源“引进来”的主要参与者，也是推动大学生创业教育发展的重要力量。

（一）搭建华侨华人与大学生创业交流平台

海外华侨华人专业人才正在成为我国应对激烈的国际人才竞争、实施人才强国战略、建设创新型国家、构建和谐社会不可缺少的持续性重要力量。海外华侨专业人才以其掌握新技术又没有语言障碍的绝对优势，真正体现出“工程化、规范化、国际化”的人才本质。海外华侨华人专业人才的重要作用，不仅在于他们掌握高科技技术、吸收先进的管理理念和熟悉国际经贸规则，也不仅在于他们能够向中国引回具体的技术和项目，更在于他们能够帮助中国青年一代大学生提高创新能力和竞争力，以更积极的姿态参与全球化。

我国的侨务资源非常丰富，然而，大学生创业教育与侨务资源整合的力度不够，资源效率没有得到充分的发挥，其原因是缺乏一个高效率、低成本的交流平台。因此，我们应当更充分地发掘侨务资源，构建华侨华人与大学生交流创业经验的平台。通过创业交流平台，邀请海外华侨华人中的佼佼者到高校讲述他们所经历的磨难和艰辛、做出的成就和贡献、积累的人生感悟和智慧，鼓舞广大莘莘学子志存高远、求索不息，充分发挥海外华侨华人的资源优势，为大学生成功创业提供指导。

（二）构建大学生创业海外实习基地

为了拓展大学生的国际视野及专业能力，提升大学生创业综合素质，在海外构建创业实习基地，是我国创业教育应对全球化挑战和培养未来符合国际标准的创新型人才的一项重要尝试。海外创业实习基地可以为大学生提供良好的创业环境和创业资源，有利于大学生创新科研成果孵化，实现创业理想。它不仅可以使大学生适应国外的陌生环境，提高个人处理问题的能力，增强自信心，深化专业知识，锻炼沟通交往能力，以及开阔大学生的眼界和思维，这也是它与国内创业实习基地的区别所在。

华侨华人完全有能力和热情帮助我们实现海外创业实习基地的建设。首先，以温州为例，仅自巴西圣保罗中国商城成立至今，已连续在美国、芬兰、俄罗斯、阿联酋、喀麦隆、蒙古、英国、智利等世界各地设立了15个经过批准的境外中国商品城。据不完全统计，目前已有400多家温州民营企业进场经营。除了建商品城，目前温州企业还在俄罗斯、越南、美国建了3个境外工业园区。这些为我们提供了必要的硬件条件。其次，海外华侨华人心系故乡，热心公益，世代相传，造福桑梓，素有传统。他们对新一代大学生的成长甚是关心，殷切希望在培养下一代人才的过程中贡献自己的力量，我们可以充分发挥其在大学生创业海外实习基地建设的桥梁作用。

（三）设立大学生创业基金

创业基金可以为大学生开展创业项目资助、创业指导培训、创业项目开发及创业研究等相关工作，帮助他们提升创业能力、增加创业机会，提高创业成功率等全方位、多层次的创业指导和服务。目前，在校大学生中真正能够自主创业的人还比较少，其中多数人是因为缺少创业资金，无法施展自己的本领，难以实现自己心中的理想，大学生创业基金的设立将为他们拓宽创业融资渠道。

海外华侨华人热衷慈善事业，他们在发展自己事业的同时，不忘回馈社会。他们在扶贫帮困、环境保护、社会教育、医疗卫生、法律服务、社区参与、志愿服务等社会公益事业中作出重大贡献。以广东江门为例，据统计，江门市自2005年以来，通过举行慈善公益万人行活动，累计募集善款3.8亿多元，救助困难群众近11万名。笔者以为，“授人以鱼，不如授人以渔”，海外华侨华人若通过设立大学生创业专项基金帮助大学生成功创业，这些成功者又会带动一大批人就业，形成辐射效应，这将是一种更为有效的捐助。同时，大学生创业基金也是关心家乡的海外华侨华人报效桑梓的良好平台。

总之，在大学生创业教育的发展过程中，华侨华人是不可忽略的重要资源。他们不仅对大学生创业实践的开展、创业意识的培养和创业项目的拓展等具有借鉴和指导意义，同时也是大学生创业教育与海外交流的有力中介。我们应当充分认识和正确把握侨务资源，培育好、保护好、发展好侨务资源，发挥侨务资源的优势，进一步调动海外华侨华人参与大学生创业教育的积极性，从而加快推进大学生创业教育的发展。

（本论文系国务院侨务办公室2009年研究课题《温州华侨资源与大学生创业教育研究》（项目编号GQBB2009054）阶段成果；发表在《教育发展研究》2010年第2期）

第六章

创业教育报道

1 温州大学与时代同脉动

本报讯 “办温州大学，要用改革的精神办学。温州需要什么样的人才，就培养什么样的人才。”原浙江温州大学名誉校长苏步青20世纪80年代提出的办学思想，再次浮出时间的水面。温州师范学院和原温州大学合并成立的温州第一所综合性大学——温州大学即将揭牌，“立足温州、依托温州、服务温州”的办学思路，与老人当初的期望一脉相承。

专业设置锁定城市发展方向

在新办公楼里，温大美术与艺术设计学院党总支书记谢志远难掩激动：“我们与温州大虎集团投资100万元创建的打火机创新科研中心就要落成了。”

与温州产业相关的重点实验室和研发中心，近年在温州大学相继建成并发挥出实际功用。去年，温大的制笔行业技术研究中心在浙江省科技计划重大项目——纳米改性中性墨水的制备及应用技术研究招投标中一标中的；皮革重点实验室获得3个省重点科技攻关项目和省科技计划重大项目。

近两年，温大新增13个本科专业。其中，12个工科、商科类专业，着重培养服务于社会经济发展的应用型人才。

根据温州区域产业经济发展特色，温大在融合过程中对一些老的、社会需求不大的专业进行结构调整。温州培育高新特色企业，对信息管理和信息安全方面人才的需求很大。温大便将原来的计算机专业调整成为信息管理和信息安全专业。同样，与温州本地电子、电器行业密切相关的物理专业，与温州地方经济结合的鞋样设计专业等温大品牌，也成为近年内容发生变化最多的专业。

此外，温大注重在学科发展过程中不断扩大对外交流。目前，学校已与美国、英国、日本、加拿大、荷兰等国家的20多所高等院校建立交流与合作关系。

“创业是一种习惯”

数学与信息科学学院宽敞的“0+1工作室”里，在“创业是一种习惯”的标语下，“总经理”李虎正娴熟地与客户谈业务。要不是一脸稚气，真难以想象他才是一名大三学生。

读书和创业结合，学和用相融，是温大的办学特色之一。产品造型设计专业一名学生设计的剃须刀造型，被温州日用电器公司采用，并由此获得一张价值500万元的外贸订单；视觉传媒设计专业周宇一同学在原工作室的基础上注册成立一家品牌传播公司，现有员工7人，业务不断；数学与信息科学学院楼柯军同学创办的一家软件技术公司，现有员工40人，年销售收入超过100万元。

据该校最近的一项调查表明，近1/3的在校生正在进行形式多样的创业实践，83%的学生表示将重点考虑创业。

温州的重商文化造就了温州人能创业的特性。温大的开放、鼓励与支持，成了学生创业的坚强后盾。2004年起，温大开设36个学时的“大学生职业生涯设计导航”必修课，聘请温州一批知名企业的创始人担任“导师”。在学校定期举行的论坛上，为大学生创业面授机宜。

学校为学生搭建“实战练兵”的平台，成立8个创业工作室、创业俱乐部、市场营销协会等社团。美术与艺术设计学院创业中心拥有国粹、油艺绘画、蓝蜗牛设计、“印”鞋样、3㊞4秒摄影等工作室。4年来，美术学院共有300多名学生参与创业，累计收入100多万元。中心也从原来的20平方米扩大为如今的400平方米。

“创业并非无奈之举，而应成为大学生成才的重要模式之一。”校长陈福生说，“温州民营经济的发展和就业形势的变化带来了创业型人才需求的激增。我们转变观念，通过重视创业教育和实践，引导学生从被动就业向主动创业转变。”通过创业实践，温大学生的就业竞争力明显提高。近三年来，毕业生一次就业率稳定在90%以上。

学科跻身中国大学百强

据最新出炉的《中国大学评价》课题组发布的“2006年中国大学各学科

100强名单”显示：温州大学文学、理学、教育学、法学、经济学和社会科学6大学科门类进入全国百强，并在浙江高校中名列前茅；文学位居浙江省第三，理学、教育学排列第四，法学第五，经济学和社会科学第六。

仅文学一项，人们就能找到支撑它的一组沉甸甸的数据：主持国家社科基金项目8项，主持浙江省社科规划项目22项，主持教育部人文社科规划项目4项，出版学术著作48部，发表论文500多篇，获省部级科研成果10项……

浓厚的传统学术氛围和研究精神的代代相传与融合提升，带来了由表及里的变化——办学层次结构改善，学科建设水平提升，师资队伍结构优化，人才培养质量提高，科技创新能力增强。

2003年筹建以来，温州大学净增教授41人、副教授51人、博士36人、硕士105人。目前，专任教师中，副高级以上职称占48.7%，研究生学历占48.2%。教授平均年龄47岁，副教授平均年龄41岁，师资力量不断优化，形成了富有活力的年轻教授群体。

在此基础上，温州大学亮出“十一五”建设目标：硕士点总量将达35个，在校研究生超过1000人，在校本科生达2万人。全面为2011年申报博士学位授予权做好准备；建成8个左右省级重点学科，3个以上省级重点实验室，6个以上市级重点实验室；建成60个左右本科专业，其中12个以上专业入选省部级重点及特色专业，20个左右专业实现重点线招生；争取80个左右国家级课题、200个左右省部级基金课题立项，实现国家级重大项目、地方重大科技创新项目及科研成果大奖取得突破，2010年年度科研经费达7000万元以上；教授和博士总量各达300人，造就8个左右在省内外具有较大影响的学术团队和科技创新群体，培养20名左右在国内同学科领域中具有较高知名度的专家。

（《人民日报》2006年6月24日）

2 “象牙塔”里的市场洗礼

本报讯(记者　陆健)　当前大学生就业形势日渐严峻,越来越多的毕业生开始琢磨自主创业。而在温州大学,一大批学生在校园里就开始带着梦想上路,经受市场的洗礼。据该校最近的一项调查表明,近1/3的在校生正在进行形式多样的创业实践,83%的学生表示将重点考虑创业。

向“创业导师”学习创业真经

大学生创业教育在温大起步较早。“创业并非无奈之举,而应成为大学生成才的重要模式之一。”校长陈福生说,“温州民营经济的发展和就业形势的变化带来了创业型人才需求的激增。我们转变观念,通过重视创业教育和实践,帮助学生树立科学的创业观,引导学生从被动就业向主动创业转变。”

“在创业初期,创业者常常会因为有了一两个大客户而高兴,但是这样风险非常大”,“不要过早追求利润,否则会大量缩减对技术的投入”……在温大的创业教育课堂上,天正集团董事长高天乐娓娓道来,以亲身经历向大学生们讲述创业成功的秘诀。

通过艰苦创业起家的温州民营企业家们的经验,成为大学生创业的“活教材”。从2004年开始,温大开设了36个学时的“大学生职业生涯设计导航”必修课,聘请温州一批知名企业的创始人担任“创业导师”。在学校定期举行的企业家论坛上,“创业导师”与大学生们面对面沟通,为学生的创业答疑解惑。

温大聘请的“创业导师”都是在创业热潮中身经百战的成功者,他们不但悉心传授创业真经,而且鼓励大学生勇于创业。红蜻蜓集团董事长钱金波出资100万元，设立了“红蜻蜓创新创业基金”，用于奖励该校创业优秀的学生和团队。

到创业平台上过把“创业瘾”

温州人吃苦耐劳、自主创业的精神对当地大学生影响至深。对学生们的创业激情，温大积极加以引导，提倡学生在不影响学业的前提下参加创业实践活动。学校每年举办大学生创业计划大赛，并成立了8个创业工作室和创业俱乐部、市场营销协会等社团，引导学生从“纸上谈兵”走向“实战练兵”。

美术与艺术设计学院大学生创业中心下面有国粹、油艺绘画、蓝蜗牛设计、“印”鞋样等6个学生创业工作室。学院统一提供场地、集中资源，配备专业指导老师。学生自发组成创业团队，到这些创业平台上磨炼创业技能，熟悉市场运作，真刀真枪地过把“创业瘾”。

据不完全统计，四年来美术学院共有200多名学生在创业平台上大显身手，累计收入100多万元。产品造型设计专业学生金色设计的剃须刀被温州日用电器公司采用后，居然为企业拿回了500万元的外贸订单。视觉传媒设计专业学生周宇一经过工作室实践后，注册成立了品牌传播公司。学院党总支书记谢志远深有感触地说：“只要坚持创业与专业知识相结合、坚持创业与地方特色经济相结合，大学生就能提高创业的成功率。”

数学与信息科学学院成立的“0+1”大学生创业工作室按照公司模式进行设置，“总经理”下设6个部，分别负责软件开发、市场拓展、财务等。担任“总经理”的大三学生李虎说：“做一个公司负责人真不容易，通过创业实践使我真正体验到什么叫竞争、什么叫压力，同时也学到了不少管理经验。”

“一段好经历胜过一份好工作”

据校团委负责人蔡联群介绍，该校学生自主创业实践大致有三大类：创意服务类——以创意品牌形象、产品造型设计为主，如开办文化传播公司、艺术设计公司等；技术服务类——依托专业知识提供科技信息服务，如为企业制作网页、开发小型软件等；生活服务类——以中介服务或店面经营为主，如家教、电脑租赁代理、网络购物、代理商品销售等。

至于创业资金，该校学生各显神通——有的学生家里条件比较好，就向父母或者亲戚集资；有的学生与校外的公司联系，引入启动资金和业务；还有的学生创业公司采取“股份制”，聚集校园内的闲散资金。

与专业紧密结合的创业实践直接推动了学生的专业学习。近三年来，该校学生获得了5项专利，参加全国、省各类竞赛屡屡获奖——2003年全国大学生建模比赛，该校一举夺得了包括一等奖在内的15个奖项；2005年全国大学生电子设计竞赛，该校一学生荣获一等奖；2005年浙江省“挑战杯”大学生课外学术科技竞赛，该校学生获得5奖大项……

“一段好经历胜过一份好工作。”通过创业实践，大学生的就业竞争力明显提高。近三年来，该校毕业生的一次就业率稳定在90%以上。据调查表明，在去年的毕业生中，每20个学生就有一个学生选择了自主创业。数学与信息科学学院学生楼柯军去年大学一毕业就创办了一家软件技术公司，如今他的公司有员工40人，年销售收入超过100万元。他感慨地对记者说：“学校受到的创业教育和锻炼，让我领略到了自我价值实现的喜悦，现在我经营公司已驾轻就熟。”

（《光明日报》2006年6月14日）

3 防范创业失败，创业教育应当入乡随俗

——寝室里的一张桌子、学生会办公室的一个角落都可以成为创业者的乐园

本报讯（记者　魏和平）大学生创业起起伏伏，迄今为止，与参与创业的大学生群体相比，真正谈得上成功的案例并不多。

在日前举行的“大学生创业教育‘温州模式’研讨会”上，正在进行“浙商精神与大学生创业教育”课题研究的温州大学美术与艺术设计学院党总支书记谢志远表示，在大学推行创业教育的目的是为了培养大学生的创新创业能力，并不意味着就是让大学生毕业后就去开公司、当老板，“但怎样防范大学生创业失败，也已成为大学生创业教育无法回避的问题”。

当前，中国高校开展的创业教育尚处于起步阶段，多是借鉴国外大学生创业教育研究成果，结合国情、地方实际情况进行创业教育的高校比较少。

有关专家认为，温州民营企业从“三无”起步、“五低”起飞。“三无”是“无资金、无技术、无市场”，“五低”是“起点低、知名度低、文化程度低、企业组织形式低、产业层次也低”。现在，温州民营企业却比跨国公司效率更高，只是因为他们与环境和发展阶段更“匹配”。

谢志远说，企业组织无所谓优劣，产业层次也没有高下之分，关键看“匹配”，大学生的创业教育和创业实践也是这样，关键是把大学生的创业教育和创业实践与他们所学的专业联系起来，与当地的创业土壤联系起来，满足这个市场的需求。

从2002年就开始支持创办大学生创业工作室的温州大学，如今已经形成从大学生创业教育到创业实践一套完整的服务体系。共青团温州大学委员会书记蔡联群告诉记者，现在温州大学的大学生创业，经过项目评估后，可以直接免费进入学校5000多平方米的创业园，展开创业实践，还有可能获

得创业基金。此外，学校还在学籍管理、学分申请等政策上，帮助大学生处理好创业和专业学习在时间上的冲突。

如今，温州大学的创业活动很活跃，几乎所有的创业项目都能和大学生自己所学的专业紧密联系。比如，美术与艺术设计学院的大学生成立了蓝蜗牛工作室，外语学院的大学生创办了西文翻译工作室，计算机学院的大学生搞网站开发、网上商城，人文学院新闻专业的大学生创办了 DV 制作工作室，商学院则成立了外贸营销工作室，等等。

据了解，温州大学美术与艺术设计学院最近 4 年就有 200 多名学生在学校提供的创业平台上从事创业实践，累计收入达到上百万元。而让人惊讶的是，温州大学的大学生创业实践基本没有失败的案例。谢志远说，温州大学大学生的创业实践是"草根创业"，依靠的是"椅子"和"脑子"。

"椅子"一般唾手可得，从低廉的办公场地和设备，到寝室里的一张桌子或学生会办公室的一个角落都可以成为创业者的乐园。而"脑子"是指大学生本身具备的专业知识，以及对专业就业市场需求的客观认识。"学生们的创业团队最多也只有 5 到 6 人，船小好调头，一旦发现问题，解决起来也是相当之快。"谢志远分析说，"更可贵的是，这种创业模式显现出创业成本低廉、生命力旺盛的优势，大大激励了大学生的创业自信心"。

根据温州大学最近的一项调查，在去年的毕业生中，每 20 个学生就有一个学生选择了自主创业；目前，近 1/3 的在校生正在进行形式多样的创业实践，83％的学生表示将重点考虑创业。

专家认为，当前国内大学生创业失败的根源在于以下几个认识偏差：首先，大学生创业没有考虑专业和自身实际情况，一窝蜂地跟风走；其次，由于大学生的年龄、阅历、心理等方面，和那些有社会经验的人相比，本身就处于劣势，再加上倾向于高技术创业，使大学生创业举步维艰；第三，就创业成本而言，很多学生没有能力负担昂贵的高风险创业费用，学校对大学生该如何扶持也是一个难题。

"我感觉，温州大学的大学生创业模式应该是具有温州特色的，温州大学应该成为我国大学生创业教育与创业实践的排头兵。"针对温州大学的大学生创业教育与创业实践，教育部教育发展研究中心专家咨询委员会副主任蔡克勇这么评价。

（《中国青年报》2007 年 6 月 19 日）

4　温州大学推广“创业工作室”开辟学生就业新路

本报讯（袁艳　王忠　记者　朱振岳）　当同学们忙着找工作之时，温州大学美术与艺术设计学院03级环艺6班的魏安顺和另一名同学共同“当家”的“蓝蜗牛设计室”最近正式成立。自从在学校开办了大学生创业工作室，魏安顺就萌发了毕业后自主创业的想法。“学校为我们开辟的创业工作室在大家心里埋下了创业的种子，以前一起在创业工作室忙活的另外5名同学也都已找到了工作岗位。”小魏喜滋滋地说。

在温州大学，像小魏这样打算毕业后自己打拼的学生不在少数。杨平表也是在创业工作室里成长的创业者。读大二时，他听说学院有个大学生创业中心，可以为学生组建创业工作室提供场地和智力支持。于是，他就和四五个同学一起申请组建了“青茗工作室”，主要为企事业单位进行壁画创作。“创建了自己的工作室，不仅能把所学的专业知识运用于实践，还能提前了解社会需要怎样的人才。”杨平表说，“我是从苍南山区出来的，别看我现在挺能说的，原先我却是一个很害羞、内向的人，一和陌生人说话就脸红。自从成立了创业工作室后，为了接业务，我就努力学习怎样和别人交流，渐渐地就有了不少固定的客户，还有许多是当地的知名企业。”今年就要毕业的杨平表得知自己兼职过的庆江美术学校正准备转让，这个师范专业的小伙子考虑后，决定接手这所已有十多年历史的业余美术培训学校，现在他已是这所学校的法人代表。

据美术与艺术设计学院党总支书记谢志远介绍，从4年前成立大学生创业中心以来，先后有500多名学生参加了创业实践活动。去年，该学院近300名应届毕业生因为具有较强的动手能力，初次就业率达94%。为了给学生更多的实践辅导，学院从2004年开始，聘请了一批知名企业创始人担任

“创业导师”，给学生传授“真经”。创业中心就像一台“孵化器”，“孵”出一群年轻的“创业先锋”，还带动了学弟学妹就业。

现在，美术与艺术设计学院的创业中心已扩大到全校，学校提倡创建与所学专业有关的工作室，并引入竞争机制：如果创业工作室形同虚设，不开展活动，将会被“黄牌警告”；一年内形同虚设的，还要退出创业中心，让其他申请者进入。

“创业并非无奈之举，应成为大学生成才的重要模式之一。”温州大学校长陈福生说，“温州民营经济的发展和就业形势的变化，带来了创业型人才需求的激增，我们开展创业教育和实践，正是为了帮助学生树立科学的创业观，引导学生从被动就业向主动创业转变。”

（《中国教育报》2007 年 4 月 9 日）

5 人还未毕业 创业先实践

本报讯（记者 袁艳 通讯员 叶柏霜） 快毕业了，大学期间一直在学校创业工作室进行实践的温大美术与艺术设计学院03环艺6班的魏安顺，正在忙着和另一位同学筹备自己“当家”的“蓝蜗牛设计室”。在温大，和小魏一样打算毕业后创业的学生不在少数。自该校成立大学生创业中心4年以来，创业工作室成为学生培养动手能力的舞台。该校先后共有500多名大学生参与创业实践活动，其中约有20%的参与者在毕业后选择自主创业。去年，美术与艺术设计学院300余名应届毕业生中，初次就业率达94%。

美术与艺术设计学院党总支书记谢志远介绍，学校除免费为学生提供创办工作室的场地和智力支持外，还聘请了一批知名企业创始人担任“创业导师”，给学生传授“真经”。在定期的“创业论坛”上，企业家把创业经验与学生分享，为学生创业答疑解惑。“创业导师”们还邀请学生到企业考察体验，一些制鞋企业、广告公司还将大学生创业工作室收为“编外”成员，进行业务指导。红蜻蜓集团董事长钱金波在担任“创业导师”的过程中，被学生们的创业热情所感动，出资100万元设立“创新创业基金”，鼓励优秀的创业学生和团队。

创业中心指导老师认为，提倡学生参与创业实践，并不是提倡学生都去当“老板”，而是培养孩子正确的就业观，激励他们积极对待就业。从几年的情况来看，这种创业教育没有影响学生学习，反而促进了学生更加积极地去学专业知识。

现在，美术与艺术设计学院的创业中心也已扩大到全校。正在大胆尝试的大学生创业工作室就有“印”鞋样工作室、油艺工作室、3/4秒摄影工作室等10余个。

（《浙江日报》2007年4月16日）

6　创特色　促发展　造和谐

——访温州大学美术与艺术设计学院党总支书记谢志远

“构建和谐学院，从根本上说应该着眼于培育人，必须坚持以人为本，把人的全面发展置于核心地位。”日前，在接受本报记者专访时，温州大学美术与艺术设计学院党总支书记谢志远深有感触地说。

在这样的理念下，温州大学美术与艺术设计学院逐步确立了“稳定、平安是育人的前提，学业、学风是育人的中心环节，就业、创业是育人的落脚点”的工作机制。

温州的支柱产业是轻工产品，学院的艺术设计在产品造型方向获得了较大的发展空间，学科和专业建设也紧紧依托地方特色，如：温州打火机行业去年产值41亿元人民币，占全球的80%以上、全国的90%以上，学院就与浙江大虎打火机有限公司合作，联合培养学生；温州是中国的鞋都，学院依托地方产业优势，建设艺术设计专业鞋样设计方向。为了培养实用型人才，学院让学生到企业、公司中去，强化实践教学，建立实践、实习基地。到目前为止，学院已建立了60余家实践、实习基地，并与其中的行业龙头企业紧密合作，共同设立研究所，共同开展产品的研发与人才培养工作。如今，该院艺术设计专业的4个方向都有了合作企业：鞋样设计与红蜻蜓集团合作；产品造型与浙江大虎打火机有限公司合作；环境艺术设计与浙江中宇集团合作；视觉传媒与新太阳广告公司合作。

学风建设是学院育人工作的中心环节，为此学院确立了“以学风建设为中心的第二课堂育人机制”，全面推行专业导师制。学院根据每个班级专业方向的不同，选派相同专业的教师做学生的学业导师，促进学生学业进步。此外，学院始终倡导“以赛促学、以展促学”的学风建设方针，注重学生创新能力的培养，积极引导、鼓励学生参加全国各项设计比赛活动。近3年，该院大学生共获得省级以上奖励近百项，其中包括世界华人广告金犊奖、全国鞋样设计最佳创意奖等。

和谐校园，还体现在校园的稳定平安上。谢志远介绍，全体教师同心协力，通过教育与管理、服务与帮助双管齐下保证学生学习、生活状况的稳定，相继实施了教工党支部与经济贫困生结对，实施教工党员与“贫困”生（经济贫困、学习贫困、心理健康贫困、就业贫困等）一对一帮扶的“阳光工程”等。

充分利用地方特色开展创业教育，是温州大学美术与艺术设计学院探索出的一条独具特色的创业教育类型。2002 年，该院成立美术与艺术设计学院大学生创业中心，组织大学生为社会服务。4 年中，创业中心里学生们的“企业”先后为 60 余家企业服务，收入达 100 余万元。为了积极引导大学生创业，学院还发起组织了首届大学生创业论坛等，以温州人的创业精神为激励，激发大学生的创业意识，培养大学生艰苦创业、敢于创业、创新创业、自主创业的精神。

谢志远说，我们在工作实践中得出一个重要结论——对于学生群体的安全与稳定建设，管理不如服务，服务不如关心，关心不如引导。

（《教育信息报》2007 年 1 月 12 日）

7 不需人人创业,但求个个成长

本报《校园 BBS》"高校行"活动第十站走进温州大学瓯江学院,大学生与专家、企业家对话金融海啸下的自主创业

主持人:1 月 9 日,本报《校园 BBS》"高校行"第 10 站活动来到温州大学瓯江学院。300 余位大学生与有关专家、企业界人士展开对话,共同探讨金融海啸下的自主创业话题。

本次"高校行"活动由本报与省中小企业局、省高校毕业生就业指导服务中心、温州都市报、温州大学瓯江学院联合主办,本报《校园 BBS》栏目、温州大学瓯江学院团委和商务系共同承办。

大学生创业的春天来了

金融危机使应届高校毕业生的就业形势异常严峻,在这一特殊背景下,大学生的自主创业格外引人关注。

事实上,从国家到地方,近年来都在大力提倡自主创业、全民创业,并出台了一系列措施,鼓励高校毕业生开展创业活动。1 月 7 日,国务院常务会议确定了加强大学生就业工作 7 项措施,其中一项措施就是鼓励和支持毕业生自主创业。

"在中国,大学生创业的比例不到 1%,而西方发达国家的比例是 20%至 30%。"省中小企业局法规处处长应云进说,自上而下都在倡导创业创新,大学生创业的好时机已经到来。

除了创业者比例偏低,中国大学生创业成功的比例也相对较低。专家提醒,创业是一个漫长而艰苦的过程,需要理性对待,更需要坚持不懈。"创

业不可能一锤子发大财，我觉得成长比成功更重要。”省高校毕业生就业指导服务中心主任陈龙春说，只要大家能够大胆坚持往前走，创业之路肯定会越来越宽。

天峰文化传播有限公司负责人魏安顺在大学期间就开始创业，毕业半年来的营业额已经达到60万元。他坦言，创业的道路非常艰辛，不过他依然呼吁更多的学弟学妹能参与创业，因为创业不但可以解决自己的出路，还可以带动更多的同学就业。

在他人企业内部进行创业

应云进认为，除了自主创业，到企业工作并为企业带来效益也是一种创业行为。对于大多数毕业生来说，走出校门面对的不可能是马上创业，而是选择就业。

那么如何让自己在就业竞争中能够脱颖而出？很重要的一点就是要具备创业者的素质。应云进说，他们在调研中发现，企业老总最苦恼的就是新员工频频“跳槽”。浙江先富起来的一批创业者大多文化层次较低，在企业转型升级中迫切需要大批有文化和技能的人才。因此大学生可以在校期间就进行一些创业活动，这个过程不在于赚了多少钱，而是积累一定的创业经验，培养自己的创业才能及企业家精神，它将帮助自己在他人的企业里进行“创业”。

“金融危机也带来了机遇，产生了很多创业的空间。”陈龙春说，在这个困难时期，企业希望有人与他们一起同甘共苦，摆脱困境，而那些吃苦耐劳、敢于担当的毕业生特别受欢迎。

缺乏资金和经验是导致大学生创业失败的两个主要原因。如同马云等著名浙商所说，他们并不赞同大学生一毕业就创业。所以，大学生可以多尝试一些创业活动，使自己初步具备创业者的素质，然后在他人企业内部进行一些创业活动，为将来自主创业做好准备。

创业教育应当进入校园

在活动现场，我们做了一个调查，全场300余位大学生中，约三分之一表示希望将来创业或正在进行创业。不过究竟什么是创业，很多人说不清楚。

温州一鸣食品有限公司总经理朱立科说，满足客户的需求就是创业。

“我是卖牛奶的，要是你们设计出一个包装，能够带动我的产品销售，我肯定买你们的设计。”他说，“温州有这么多制造企业，要是高校每个月开一次创意超市，出售大学生的设计作品，企业肯定欢迎。”

朱立科的话引起了不少嘉宾的共鸣。瓯江学院党委书记谢志远介绍说，他们学院从 2002 年就开始倡导大学生创业活动，去年 4 月，温州市文化创意产业园正式落户。目前，在学院的大学生创意创业中心，已经入驻 30 多家工作室，学院免费为他们提供场地和创业指导，孵化创业项目。同时学院还开办了“企业接班人”培养班，接下来计划聘请创业首席顾问，对大学生创业进行引导和指导。

谢志远说：“创业能否成功并不重要，关键在于通过创业实践，培养有创业创新意识的人。”

陈龙春认为，瓯江学院的创业教育走在全省乃至全国的前列，省内各高校应该像他们一样，积极主动地开展创业教育，为大学生提供锻炼的平台，毕竟创业不是教出来而是练出来的。他说，不是人人都要创业，但是人人都需要接受创业教育，学会如何把握机遇，如何发挥优势和特长，做一些他人做不了的事情。

（《浙江日报》2009 年 1 月 12 日）

8 因地制宜推进大学生创业教育

温州大学创业教育研究所所长　谢志远

当前，中国高校开展的创业教育尚处于起步阶段，大多是借鉴国外大学生创业教育研究成果，结合国情、地方实际情况进行创业教育的高校比较少。温州被誉为“创业热土”，植根于这片“创业热土”的温州大学，多年来把大学生创业教育作为学校深化教育教学和人才培养模式改革的重要举措，自2002年以来，走出了一条具有鲜明特色的大学生创业教育新路子，对人才培养产生了深刻影响。

借鉴温州人的创业精神，培育大学生创业意识

当前部分大学生存在创业意识淡薄，缺乏敢闯敢试、创新、合作精神等问题，而是否具备这些精神，恰恰是温州人创业成功与否的关键。有人形象地把改革开放初期温州人的创业状态叫做“四千”精神，就是历经千辛万苦、说尽千言万语、走遍千山万水、千方百计发展商品经济。笔者认为，温州人的创业精神，蕴含了五方面的内容，即特别能自主、特别能吃苦、特别敢冒险、特别能创新、特别能合作的精神。

改革开放30年来，温州人敢为天下先，凭着“自主改革、自担风险、自我发展、自强不息”的自主创业精神，不仅在温州本地创市场，而且跑到全国各地办市场、闯市场，甚至把市场直接拓展到国外，成功地走出了一条脱贫致富的区域经济发展之路。

因此，温州大学以温州人的创业精神为指导，积极培育大学生五方面的创业意识，即自主的创业意识、吃苦的创业意识、冒险的创业意识、创新的创业意识以及合作的创业意识，大力推进大学生自主创业。

从2004年开始，温州大学开设了36个学时的“大学生职业生涯设计导航”必修课，去年又开设了大学生创业教育选修课，设立创业教育学分，由校

内专业教师与校外创业成功人士组成创业导师队伍，加强对大学生创业教育的指导和引导。

通过艰苦创业起家的温州民营企业家是大学生的偶像，他们的创业经验更是大学生创业教育的“活教材”。从2004年开始，学校聘请红蜻蜓集团、奥康集团、大虎打火机厂等一批知名企业的创始人担任“创业导师”，指导大学生自主创业。在学校定期举行的企业家论坛上，在创业热潮中身经百战的“创业导师”与大学生们面对面沟通，“零距离”交流，为学生的创业答疑解惑。

学校还出台学生创新创业奖励条例，支持鼓励学生创业，并通过开展形式多样的大学生创业教育活动，激发大学生创业热情。发起组织了大学生创业计划大赛、大学生创业论坛，提出了基础实践、创新实践、创业实践、创造实践等系列实践活动，以温州人的创业精神为激励，激发大学生的创业意识，培养大学生具有艰苦创业、敢于创业、创新创业、自主创业的精神。

分析温州人的创业经历，指导大学生创业实践

纵观1998年5月清华大学率先举行创业计划大赛开始至今创业失败率达90%以上的现状，大学生创业似乎仍处在临产前的阵痛期。由于大学生的年龄、阅历、心理等方面，和那些有社会经验的人相比，本身就处于劣势。其又往往倾向于在高技术领域创业，并且，欠缺必要的管理经验、市场运作策划能力以及足够的资本支持，大学生创业可谓举步维艰。

据不完全统计，全国大学生创业实践成功率只有2%－3%。怎样防范大学生创业失败，已经成为所有大学生创业教育无法回避的问题。因此，借鉴温州人创业经历，建立适合大学生创业实践的模式，对大学生创业教育至关重要。

温州商人“三无”起步，“五低起飞”，即所谓“无资金、无技术、无市场”，“起点低，知名度低，文化程度低，企业组织形式低，产业层次也低”的温州商人，却比跨国公司效率更高，只是因为他们与环境和发展阶段更“匹配”。企业组织无所谓优劣，产业层次也没有高下之分，关键看匹配。因此，并非草根们的“低级和落后”成就了他们，只是他们更贴近中国这个市场的文化和国情，也更了解这个新兴市场的水土和脉搏。这就是“落后的低级的”草根企业管理比跨国公司更有效率的原因。

相对于其他高校建立在高科技、技术发明与创造基础上的大学生创业

教育，温州大学借鉴温州人的创业经历，所开展的大学生创业实践侧重于鼓励学生发挥专业优势，倡导学以致用，创业与专业学习紧密结合，建立专业创业工作室。由学校免费提供场地，由学生7至11人自愿组合，自发组建。这种专业创业工作室既没有巨额的风险投资，也不需要大量的成本投入。注重由小到大的积累，强调在实践中培养创业意识，提升创业能力。

自2002年开设第一个专业创业工作室以来，现发展成为3级联动的专业实践体系。学校有创业园、学院有创业中心、专业有创业工作室。全校共有专业创业工作室100余个。共有10000余名大学生参加了有关大学生创业教育活动，1000多名大学生参加了大学生创业实践活动，累计创业收入达300余万元，共有200余名大学毕业生自主创业。

创业教育还帮助大学生树立了积极的就业观，更多的毕业生面向基层和民营企业就业，或者选择自主创业。创业教育在促进专业学习的同时，更激发了学生的创新热情，提高了学生创新能力。3年来，学生在电子设计、数学建模等学科竞赛中，共获省部级三等奖以上奖项227项。

借用温州人的创业资源，支持大学生创业教育

温州中小企业众多，家家培养能人，即使哪一家没有能人，也要千方百计培育出能人。许多中小企业创业者的成功为温州社会树立了榜样，使更多的人选择自主创业，形成了你追我赶的创业大“竞赛”，通过市场经济的自然筛选，有人成功，有人失败，也有人选择退出，有新人选择进入，源源不断地培养出创业家和企业家。在温州，能成为企业家是大学生追求的目标和梦想。

况且，许多温州企业家已出现接班人问题，他们渴望高校开展大学生创业教育，希望自己的子女既拥有较高的文化素质，又具有像他们那样的创业精神，毕业后来接自己的班，实现企业的再成长。创业成了大学生的内在需求。笔者通过初步分析全国大学生创业的概况，得出一个有趣的结论，就是大部分地区的大学生创业教育体现出自上而下开展的态势，而温州大学的大学生创业教育是自下而上推动的。

正因如此，温州大学发挥温州的地方特色，设立企业家论坛，邀请知名企业家讲座达300余场，传承温州人的创业精神；由3位企业家捐赠300万元，设立了大学生创业教育基金；结合温州产业升级的有利时机，还设立了企业研发创业工作室，加强大学生创业工作室与企业的对接；针对民营企业

家接班问题，设立企业接班人培养班。此外，学校加强与政府、工商、税务、银行的联系，设立校外创业指导师，形成有利于大学生创业的氛围。

自2002年以来，温州大学走出了一条具有鲜明特色的大学生创业教育新路子，对人才培养产生了深刻影响。创业型人才培养温州模式创新实验区被教育部评为国家级人才培养模式创新实验区，学校被共青团中央授予2007年大学生KAB创业教育优秀院校。

（《中国教育报》2009年2月25日）

9 激发和带动大学生创业热情 温大瓯江学院开设创业先锋班

本报讯（通讯员 黄 晓） 近日，温州大学瓯江学院举行“创业先锋班”开班仪式，来自该院06、07级具备一定管理潜质、拥有较强创业热情和创业愿望的48名学生成为创业先锋班首期学员。

据悉，瓯江学院通过启动创业先锋班，引导大学生积极创业，培养大学生的实践精神、探索精神和创业能力，提升大学生竞争力。48名学员中以已经在创业或准备创业的学生为主，他们有搞创业工作室的，有开网店的，还有在外面兼职做设计的，等等。今后，专家学者、成功企业家、职业经理人和政府部门官员将受邀走进课堂为创业先锋班学员传授与创业相关的知识和经验。学院还会组织该班学员深入市场、企业、农村、研发室等进行调研和实践训练，致力于培养自己的创业意识、创新精神和创造能力。

“我们希望通过创业先锋班的开设，不仅仅培养学员们的创业意识和能力，更重要的是着眼于他们的先锋引领作用，带动全院学生的创业热情。”瓯江学院党委书记谢志远表示，先锋班的每位学员都需撰写一份创业计划书，由专家委员会评审，答辩通过后方可顺利结业，如有好的创意，学院将帮他们牵线搭桥，把计划付诸实施。

（《教育信息报》2009年4月7日）

10 创意 创新 创业

——温州大学瓯江学院的创业教育

⊙商报记者 小辉 通讯员 黄晓

在百度搜索引擎中键入“瓯江学院 创业”，会出现 62000 余条记录。现实中也是一样，“创业”一词，已成为温州大学瓯江学院的关键词。

作为浙江省 22 所独立学院中的一所，温州独特的地域文化与经济特色和温州人能自主、肯吃苦、敢冒险、善创新的创业精神为学院开展创业教育提供了极为有利的条件。多年来，学院确立了以差异化求发展，特色立校，特长立校的办学理念，以“创业教育”作为学院特色办学的突破口，创新人才培养模式，逐步走出了一条具有自身特色的人才培养之路。学院日渐成熟的创业教育模式，令该院原党委书记谢志远引以为豪，“人家有的，我们也许没有，但我们有的，别人也未必有。”

四个特色班

2008 年 6 月 13 日，创业型人才培养温州模式省级创新实验区在瓯江学院启动。同时，温州首个企业接班人培养班“诞生”，有媒体称之为“老板班”。这个班主要由有商业背景家庭的不同专业的大二学生组成，拟招收学员 50 人，确定设置的课程有创业学、财务管理、商务基础、市场营销等，以案例教学为主。更具特点的是，该班聘请温州本土企业优秀人士、创业成功人士、投资专家等担任相关课程教学工作。

今年 2 月 25 日，该院与全球最大的软件公司微软公司携手，引入先进的微软 IT 专业课程体系。该班由专业的微软职业认证讲师（MCT）和高级工程师授课，为学员提供国际化、标准化的课程以及认证考试，提升学生项目实践能力。“尽可能让学员学习到微软公司先进的软件技术与企业文化。”该学院教务部主任邱晓雅说。

今年3月11日，瓯江学院“创业先锋班”开班。首期学员是该院06、07级具备一定管理潜质、拥有较强创业热情和创业愿望的48名同学。该班的每位学员都需撰写一份创业计划书，由相关老师和企业家评审，答辩通过后方可顺利结业，如有好的创意，学院将出面帮他们牵线搭台，助力学生创业。

同年3月25日，学院淘宝网上创业培养班开班。首期从200多个报名学生中挑选出来的30名学生，被分别编入市场部、行政部、技术部等八个部门，准备在一年的时间里，通过轮岗学习实践，让他们掌握在网上创业所要具备的各种素质。“相对于温州的经济情况，我们有更多的学生需要进行网上创业，一方面他们可以帮助家族扩大销售渠道，同时也为自己将来的就业创业奠定基础。”学院信息系主任谢安俊教授说。

一个定位

“我们属于地方院校，应该培养应用型人才，培养拿‘营业执照’的人才，培养企业家精神。”谢志远说。而这个办学定位，又与温州这座城市的地域特色密不可分，并非“无源之水”。温州传统文化孕育着浓厚的创业意识和敢为人先的精神。“这种文化底蕴给了我们人才培养实践以强大的精神动力和思想源泉。”另外，温州中小企业云集，也为校企合作创造了一片“海阔天空”。据谢志远介绍，学院定期地会邀请一些本土的优秀企业家来校言传身教，激励学生。

在培养创业理念的同时，瓯江学院积极与企业展开实际中的合作，锻炼学生的实践能力。自2008年11月5日后，学院共与飞科电器、申瓯通信、星际控股等多家企业建立了企业创新研发工作室。“这样的定位就是要学生不仅具有良好的社会适应能力，能竞聘现有岗位，而且具有能自主创业的意识和能力。”谢志远说。

一套改革

办学定位明确了，必须要有相应教学举措，于是一套改革随之而来。

首先，修订培养方案，保证创业教育的系统性。在日常课堂教学上，全面实施以通识教育和专业教育有机结合的“基础＋专业”为基本架构的人才培养方案。学院将就业创业指导课纳入公共必修课程。在实践教学环节，利用专业实习、实践、开放实验室项目等实践教学载体，强化对学生“学以致用"能力的培养。其次，搭建创业平台，增强创业教育的实效性。目前该院有学生创业工作室30多个，每个工作室由5到9人组成。谢志远说，创业工作室创业成本低，生命力旺盛，大大激励了大学生的创业自信心。同时，学院还举办创意、创新、创业竞赛，激发学生创业意识和灵感。

最后，学院还积极构建多元化特色师资，为创业教育提供保障。学院派一部分老师去本土企业进行挂职实践，将专业知识和生产实践相结合，然后授之与学生。此外，学院积极引进一些"活教材"。这一两年，学院先后聘请金克明等十余位企业家为客座教授，黄培拉为首席创业导师，李丐腾等二十余位企业家为创业导师，开设"创意咖啡吧"，每周三下午为学生创业进行"一对一"的指导。在积极创新课堂教学内容的同时，引导和帮助学生创新创业。

三"创"合一

在开展创业教育的同时，学院不忘"创新与创意"教育。谢志远说，在创业中要渗透创新与创意，以创新与创意带动创业。去年4月9日，由温州市政府授牌的温州市文化创意产业园落户学院。今年4月29日，由温州市经贸委授牌的温州市设计创意中心也正式挂牌成立，中心主要展示销售学生自己创作的工艺品、动漫设计等各种文化创意产品，并同时通过网络超市和挂靠商家等方式进行展销。

学院从培养学生创新思维、创新能力、创新素质和提高学生的实践动手能力为出发点，先后设立了计算机、电子信息、汽车等学科专业的"智能机器人实验室"、"计算机DIY实验室"、"淘宝创业实验室"、"节能汽车实验室"等4个创新实验室。另外，学院每年划拨50万元支持学生创新项目，鼓励学生参加各种比赛。去年下半年一个学期，学院就收到学生科研申报项目49项，267人在国家、省、市、校各类学科竞赛中获奖。今年2—5月份，学院47位学生在国家级赛事中获得佳绩，6人在省级学科竞赛中获一等奖，共申报了12项专利。

在创业方面，学院创业实践指导老师包长昕介绍，园区内的三十来家工作室已有2个工作室申请注册成立公司，14个工作室拿到了营业执照，并分别与杭州中萃食品、温州电信等知名企业开展了合作。

如今，随着浙江省人才培养模式创新实验区、浙江省创业教育研究基地、温州市文化创意产业园、温州市设计创意中心等的先后挂牌，温州大学瓯江学院的创业教育模式已经得到上级组织和社会的广泛认可，走出了一条属于自己并特色鲜明的路子。

谢志远说，瓯江学院的创业教育能够形成特色，最重要的原因是走温州特色之路，我们通过传承温州人的创业精神，培育大学生创业意识；借鉴温州人的创业经历，指导大学生创业实践；整合温州人的创业资源，支持大学生创业教育。

（《温州商报》2009 年 6 月 1 日）

11 创业与专业相结合才是出路

——大学生创业教育亟须转型升级

每到周末，温州市科技职业学院内的"亲子农庄"就会迎来很多家长和小朋友。他们来到自己认购的菜园子里体验田间劳动的乐趣：收菜、锄草、浇水、施肥……

如果小朋友们没时间打理自己的菜园子也没关系，在实地耕种后，农田主人可以通过"亲子农庄"网站的视频实时观看作物的生长，不管是整片作物的长势，还是各片叶子有无虫害，都一目了然。在电脑上点击"浇水"、"施肥"等按钮后，菜园子里的农技人员就会得到指令，帮助农田主人打理这些农作物。

这个现实版的"开心农场"是由温州科技职业学院经贸管理系和园林系师生共同开发的一个创业项目。"温州科技职业学院是一所以'农'字为特色的高职院校，拥有坚实的农业科研基础，指导学生进行农业技术类创业很有优势。"温州科技职业学院副院长谢志远说，大学生创业不是卖菜、摆地摊，我国大学生创业教育亟须转型升级，创业教育与专业教育相结合才是出路。

创业教育不仅是技能培养，要向素质教育转型

近年来，我国高校陆续开展的创业教育，大多是为了缓解大学毕业生就业压力、增强学生的就业技能。因此，创业教育的出发点基本停留在培养学生就业、创业技能的层面。在很多院校，创业教育是职业生涯规划课或者就业指导课的一个组成部分。

"事实上，创业教育是对高校人才培养模式的新探讨。"谢志远说，目前，大学生就业难，一个重要原因是高校人才培养模式与市场需求的吻合度不高。当前，企业作为市场经济的主体，需要更多更好的人才，但是很多高校一直以来还是按照计划经济的模式来培养人才，大学生的知识结构、能力素

质难以适应企业发展的要求。因此，以培养创新精神、创业意识和创业能力为核心的创业教育，准确地把握了高校人才培养模式的新趋向，历史性地承担了高等教育人才培养模式改革的新任务。

2010年，教育部发布《关于大力推进高等学校创新创业教育和大学生自主创业工作的意见》。这份"意见书"进一步明确指出，开展创业教育，要以提升学生的社会责任感、创新精神、创业意识和创业能力为核心。培养学生的综合素质与发展潜能，首先要解决的问题就是要把创业教育的理念由技能型教育向素质型教育转变，把学生的创业素质培养融入人才培养理念中。

"由此可见，开展大学生创业教育的目的并非是要大学生马上创业，而是培养其创业的能力、素质和独立意识。"KAB创业教育中国研究所副所长、KAB高级培训师刘帆说，创业教育可以增强学生的创新与创业意识，使其具有敢于创新和勇于承担风险的精神。

以温州科技职业学院为例，在推进创业教育的理论与实践探索过程中，该学院对三大专业群进行不同的创业教育内容，以增强学生的综合素质。对农业类学生开展现代农业创业机遇的分析，开设创意农业、农产品经营等，树立农业类学生创业意识与信心；对信息类的学生，主要关注商业化的过程，开设市场营销、风险资本等，有助于避免学生在了解市场前景之前进行产品开发的错误导向；对经贸类学生，由于拥有了系统的市场营销、管理等相关的商业知识，针对他们的创业教育主要关注初创企业以及中小企业的管理与成长。

创业教育不是第二课堂，要搭建专业创业平台

当前，大多数高校只是将创业教育作为教学主渠道以外的一个附属部分，往往是由团学工系统举办类似于讲座、论坛、创业计划比赛等活动来推行创业教育，并没有将其纳入正统的人才培养计划和体系之中，即使现有的少数创业教育试点院校，其教学模式也往往局限于开设《创业管理》、《KAB创业教程》等选修课程，局限于知识的传授，没有给学生足够的实践机会与发展空间，没有真正做到与专业教育相结合。

谢志远认为，创业教育不是第二课堂，学校要搭建专业创业平台，创业教育与专业教育相结合才是出路。

在温州科技职业学院，全面修订人才培养计划，逐步构建起一套理论与实践并举、课堂与课外联动的完整创业教育体系。

学院规定，创业课程必修学分和创业实践认证学分共 10 分。

在试点专业的专业教育中，设置创业实务、专业创业、中小企业创业管理等为专业必修课，通过教学对学生进行系统的创业理论与知识教育。在实践教学环节，利用专业实习、实践、综合实习等实践教学载体，强化对学生"学以致用"能力的培养。

更为重要的是，学校搭建专业创业平台，让学生把专业知识运用到创业实践当中，成功实现自主创业。温州科技职业学院 5 个系都有与专业教育相对接的学生专业创业园。园林系，有创意农业园，中小学生可以到大棚里面来进行 DIY，自己制作精美的小盆栽；信息系，有大学生网商创业园；动科系，有宠物医院，学生学习专业后，可以马上进行创业实践。农生系的现代农业创业园，已成功开发出 10 多个农业项目。有一位同学利用学院提供的技术，成功开发出新品种水果玉米，只要玉米一出地，就被市场一抢而光，后来，这个同学带动周围的农民一起种玉米，让农民切实得了实惠。目前，在现代农业创业园，已经孵化出农业小企业 6 家，成立农业创业工作室 10 多个。

创业教育呼唤"顶层设计"

在我国，高校学生创业的动力，最初往往来自学生自身自发地形成的。例如，"挑战杯"大学生创业计划竞赛发端于 1997 年清华大学经管学院团委借鉴国外的做法而举办的创业计划大赛。当前，我国高校的学生创业实践，多数是学生自发创办的，主要面向校内市场的、侧重于日常消费品的经营项目，缺乏科技含量与高附加值，基本属于生存创业。

谢志远呼吁，如果能在学校有组织的引导、导师有意识的指导下，把科研成果转化为创业项目，既能有效促进产学研的结合，又能大大促进学生创业实践由生存创业向机会创业转变，有利于初创企业的成长。

例如，福州大学明确提出建设创业型大学。通过与社会建立广泛的外部联系网络，包括各种孵化器和科技园、风险投资机构、创业培训机构、创业资质评定机构、小企业开发中心、校友会、创业者协会等，形成学校、社区与企业良性互动式发展的创业教育生态系统，有效地开发和整合社会各类创业资源。

温州科技职业学院也明确提出建设创业型校园，建设一组创业示范店、一条现代农业创业街、一幢创业楼、一片网商创业园。该学院还开辟了"导师＋项目＋团队＋基地＋农户”的农业类学生创业途径。现在，已经有38个团队在导师的指导下进行创业，有水培植物、迷你菜园、水果玉米、无土栽培、盆景果蔬等项目。

谢志远说，联合国科教文组织提出创业教育是高等学校继培养学生学术性、职业性之后的“第三本教育护照”。各个高校应该主动强化学校对创业教育的“顶层设计”，推动创业教育自上而下地开展，形成创业教育的体系。这样，既有利于学校创业教育资源的整合，也有利于创业教育与专业教育的融合，更有利于创业教育的规模化、水平化、层次化推进。

（《中国青年报》2011年3月3日）

第七章

创业教育研讨

1　大学生创业教育“温州模式”研讨会发言材料

时间:2007 年 6 月 13 日
地点:温州大学

林娟娟(温州大学副校长、教授)

各位专家,各位老师,大家早上好。今天我们非常荣幸地邀请到国内几位研究大学生创业教育领域的顶级专家、学者来到温州大学参加这个“大学生创业教育‘温州模式’研讨会”。我代表学校对各位远道而来的专家教授表示热烈欢迎。首先我来介绍今天到场的各位专家:教育部教育发展研究中心专家咨询委员会副主任、中国高等教育学会副会长蔡克勇教授,高等教育学会会长助理曹胜利,清华大学创业教育中心副主任雷家骕教授,中央财经大学中日创业教育研究所所长周卫中副教授,北京航空航天大学创业教育中心主任张林,中国青年报创业周刊魏和平主任,温州市社科联副主席洪振宁教授。

今天我们能够邀请到在我国高等教育界,而且是大学生创业教育的专家会聚到温州大学,就大学生创业教育“温州模式”进行专题研讨。之所以确定这一主题,主要是因为温州大学在大学生创业教育工作上进行了一段时间的探索和实践,而且我们温州大学的大学生创业教育模式与其他一些开展大学生创业教育的高校所推行的教育模式有所不同。

我校一直以来非常重视大学生创业教育。一是从整个国家经济、社会发展的形势来看,我们需要创新型人才;二是从人力资源优化的现实需要,我们需要培养高素质综合型人才;三是当前大学生的总体就业形势等也需要人才的创新能力和创业素质的培养。特别是在温州这样一个特殊的地理位置和特殊的地域文化的地方,作为地方高校,我们的办学定位、办学特色及人才培养取向等促使我校一直以来非常重视大学生创业教育。我们在人才培养的主渠道、人才培养方案里就有意识地设计了有关创业教育的课程，比如大学生创业基础，大学生职业发展教育，职业生涯规划教育等课程，编入整个培养方案，成为学生的必修课，计学分。像美术与艺术设计学院就开设了大学生创业教育课程，商学院也在必选的选修课里开设了中小企业创业故事等课程，这些课程除了我们自己的教师授课外，还邀请企业家来给学生讲课。通过教学主渠道培养学生的创业精神、创业能力。

除教学主渠道外，我们还通过其他途径为大学生创业教育搭建平台，比如举办大学生创业计划大赛、鼓励引导学生开办创业工作室、学校举办大学生创业园等，通过第二课堂培养。

温州大学是一所年轻的综合性大学，在综合性大学里可以说前面都是标兵，后无追兵。但学校自 2006 年 6 月正式揭牌成立以来，学校领导班子带领全校师生统一思想、团结一致，做了大量卓有成效的工作，学校各项事业发展顺利，人心思进。在努力做好各项基础性工作的同时，我们也在明确学校办学定位的前提下努力探索独具特色的品牌建设项目。学校本着"不求外在求内涵，不求一时求长远，不求综合求特色"的原则将大学生创业教育作为我校迎接 2008 年教育部本科教学水平评估的特色项目。所以，今天邀请各位专家给我们在这方面做指导，恳请各位能在大学生创业教育"温州模式"建设上为我们多提宝贵的意见和建议，我们将努力把大学生创业教育办好、办出温大特色。

接下来先请我校大学生创业教育研究所所长谢志远老师向大家介绍我校的大学生创业教育情况。

谢志远(温州大学大学生创业教育研究所所长、副教授)

衷心感谢各位专家莅临温州大学指导大学生创业教育工作。刚才各位专家已经参观了我校的大学生创业工作室，下面我就简单地把美术与艺术设计学院大学生的创业教育情况作一汇报。

我们开展大学生创业教育主要出于两个思考：一是怎样利用温州人的创业精神，指导、培育大学生的创业意识；二是怎样借鉴温州人的创业经历，来指导大学生创业实践，提高大学生创业成功率。

我们的做法是：从 2002 年开始，我们指导学生创办了第一个工作室，五年来逐步发展壮大，参与的学生越来越多，到目前已发展成一个大学生创业中心，下设 8 个工作室，其中有 3 个工作室申请到了营业执照。

在温州开展大学生创业教育有着得天独厚的优越条件。

一、温州人有强烈的创业基因，也是全国创业活动高度活跃的区域。目前温州民营经济发展已经形成企业家的繁育机制。这样的环境促使创业成为大学生内在的需求。在温州，大学生的创业有很好的土壤。我们开展创业教育的想法灵感很多是来自于学生的。所以，我们总结温州的大学生创业教育应该是自下而上的，与其他地方开展的自上而下的大学生创业教育不同。

二、发扬温州人创业精神，培养大学生创业意识。这种精神我们总结为特别能自主的创业精神，特别能吃苦的创业精神，特别能冒险的创业精神，特别能创新的创业精神，特别能合作的创业精神。现在大学生创业意识淡薄，很多学生不敢有这样的想法，我们的创业教育就是要发扬温州人的这五种创业精神去培养大学生的创业意识。比如，我们从2004年开始系统开设了大学生职业生涯导航课，团委举办了大学生科研创业项目立项，聘请创业指导师等。在创业指导师中，既有知名企业家，也有校友企业，也有在校老师。同时，设立100万元的创新创业基金，用来奖励在创新创业方面取得突出成就的学生个人和团队，该基金已经颁发了三届。通过多种形式的创业教育活动，培育学生具有艰苦创业、敢于创新、创新创业、自主创业的精神。

三、借鉴温州人的创业经历，提高大学生的创业能力。从1998年开始全国高校的创业教育步入试点阶段。大学生创业在全社会掀起了高潮，很多学生积极投身于创新创业的活动中。但综观我国大学生创业的现状，成少败多。2006年6月，网易公司创始人直言不赞成大学生创业，主要原因是大学生创业失败率太高。这也是我们一直在思考的问题。在实践中，我们借鉴温州人的创业经历来指导大学生创业，温州的大学生创业模式是“低投入、高成功”模式，即创办创业工作室，成本比较低，结合所学专业，从2002年开始到现在整个创业活动生机勃勃，学生在此得到的是能力、意识的提高。几年来，我们的学生创业工作室为多家企业提供了设计服务，为社会服务，累计创收入达100万元。我们的经验是，学生有学生的优势，有专业的优势，学生的创业成功率很高。

四、立足温州、服务浙江，培养具有高素质、强能力、会创新的创业型人才。我们从课程设置方面，就紧密结合温州特色。充分利用社会资源，去年我校提出了“双百人才联动计划”，加强高校与地方、企业的人才交流互动。我们派教授到企业、到农村、到社区去，同时聘请政府部门官员、企业家为学校客座教授，整合社会资源，多层次、多角度培养学生。

五、关于创新型人才的培养途径和渠道问题，我们也一直在探索。学校全面实施教学改革，培养创新型人才。比如人才创新培养工程、名师建设工程等，目的是培养学生成为具有高素质、强能力、会创新的创业型人才，使学生不但具有良好的道德素质，还要有面对困难、积极向上的进取精神，不但具有良好的动手能力，而且具有良好的人际交往组织能力。不但是自己的专业作品有创新，而且思维能够突破常规，善于捕捉商机。

总之，我们的创业教育就是利用专业优势，围绕温州地方经济社会发展需要，紧密结合温州的产业特色，培养学生创新意识，提高学生创业能力，增强学生综合素质。

蔡联群（温州大学团委书记、副教授）

各位专家早上好，我很简单地把下阶段学校大学生创业工作的具体做法作一个说明，请各位专家多提指导意见。

刚才谢老师已经从理论与实践的角度介绍了我校大学生创业的基本情况。总的来讲，我校对创业教育的理解不是狭义的创业，不是简单地开几家公司、创办几个工作室，而是怎么样培养、提高学生的创业意识。学校对此项工作非常重视，下一阶段我们的具体打算是：

一、现在学生在创业与专业学习上还有一些时间的冲突，如何解决好这一冲突，我们考虑了很多。学校的做法是从政策上给予一些支持，在学籍管理、学分申请方面制定一些倾斜性政策，扶持学生处理好创业和专业学习时间的冲突。

二、加大对学生创业理论辅导。学生创业的基本理念和做法可能会受家庭、亲戚等想法的影响，还没有达到真正的创业理论高度。从2006年开始，团中央和全国青联合作开展KAB创业基础教育项目，我校引进了该项目，本学期是作为学生素质拓展课开课的，深受学生欢迎，现在该课程已经过教务处审批，从下学期开始在全校范围内作为公共选修课开设。以前我们的企业家论坛做得非常好，温州的企业家非常多，我们开设这个论坛三年以来，聘请了近200名企业家，这里既包括学校邀请的也包括学院层面请的企业家，利用论坛给学生普及企业管理理念。下一步计划和税务局、工商局合作，昨天下午刚刚和温州工商局签了协议，请他们给学生讲解税务知识，包括执照的申请等等。每年开展全国挑战杯创业计划大赛，除了省里、国家在做，学校每年也推出这个比赛，学生的参与面非常广泛。

三是创业基金，接下来要进一步整合。我们的创业基金，目前已经有三块，红蜻蜓创业基金，大虎打火机创业基金，还有服装学院的一项创业基金。团工作系统也和青年企业家协会在沟通中，市级、县级的青年企业家协会也非常有意向对大学生创业进行扶持，专门设立基金。

四是建立大学生创业园，在创业园里预留一部分场地，对一些好的创业活动进行提升。前一段，校团委向学生发出申请的通知，仅仅一个星期的时间就收到来自全校各个专业的学生80多份申请入园的申请书，还不包括美术与艺术设计学院的十几个工作室，学生的参与面很广，各个专业都有。一个团队，多则十几个同学，少则两三个同学。80多封申请书里大部分创业项目都能很好地与专业结合。比如外国语学院申请的西文翻译工作室，计算机学院申报的网站开发、网上商城项目，人文学院新闻专业申报了DV制作工作室，商学院申报了外贸营销工作室等等。

通过创业园，一方面能够对学生的创业意识进行培育，提升了他们的实践能力，同时，也能够促进专业学习。创业园建立之后，计划分成几个区，一个是同专业结合的区域，一个是与学生的生活服务结合的区域，比如家教申请、书籍购买、鲜花服务等等。

工作室的形式计划分成三种：一种是在校学生创办的工作室，以低年级学生为主，与专业相结合的工作室，不进行注册；二是已经通过工商注册的工作室，临近毕业班或者是已经毕业第一年的学生，我们允许他们在学校里进行创业并给予扶持；第三种是我们有意向和温州几家比较好的公司合作，挂在他们的企业下面，比如温州做策划很成功的奥美丽（音）公司，相当于他们的子公司，放在我们学校，具体由学生操作。

请各位专家多提批评意见，更好地给我们进行规划指导。

林娟娟：下面请各位专家对我们的工作发表指导意见。

洪振宁（温州市社科联副主席、教授）

我对这方面接触不是很多，看到一些文章，其中包括谢志远老师的一篇关于大学生创业教育的文章，也看到去年温州市教育科学研究院出了一本书《职业高中创业指南》，书中前面是对企业家的介绍，后面是对企业的介绍，中间是创业的常识，有30来万字，我说太厚了，对高中生的创业指南内容显得有些过多。书里讲了温州很多本土企业家的故事。

我很高兴，今天能够与国内在创业教育方面很权威的专家一起交流关于温州大学生创业教育的课题。温州相对来讲是个比较闭塞的地方，本土的区域特点明显，和外界的交流相对也比较少，能够有这么多专家来进行指导，我很高兴。

就今天这个主题，我想说几点自己的意见：

一、大学里不对学生进行创业教育，社会上本来也进行着一种教育。比如通过电视、家庭、社会环境，你学校不给他进行创业教育，社会也把他的时间占去了。所以那种不赞成大学生创业教育的说法，我认为是没有道理的，很难说得通。

温州本来就有创业的土壤，温州是“三无五低”，这个特点正是因为和温州的水土符合，反而更有效果。我是认为，温州确实有这种土壤和文化。你有一个新的精神理念，要通过一种制度、一种机制去进行运作，然后变成一种文化、一种习俗。温州这里的人的文化和习俗一直以来是鼓励创新的。在中国其他地方，比如你 到成都去看，成都人笑温州人只是赚钱的机器，连人都不是，不懂得休息；温州人在成都就笑话成都人，你是没钱穷开心，天天打麻将、喝茶。成都人很懂得享受生活，但温州人觉得一定要赚很多钱以后才有可能去享受。这是前面 20 几年温州的主要情况，这两年开始，温州人也出现了变化，很多人也这样想了：到过年的时候你还在忙忙碌碌，钱是赚不完的。所以温州人也开始懂得怎样提高生活品质，这是一个社会大氛围。

二、温州企业家群体的量比较多，别的地方可能出现一个企业家，一个大企业家，而温州则不同。在别的地方可以找到中国的大企业家。但这里是小企业家，且数量多，构成一个企业家群体，这在中国别的地方比较少见。有一个排行榜，说温州的大企业家（亿万富翁）应该是 6000 人。是不是这个数字，我们不好说，但是温州创富的量确实比别的地方要大。它还有一个特点，集体运作，整个水涨船高，不像别的地方，一个人一下子做一棵大树，而这边是小树成林，不是一棵大树。还有，这边有企业家的精神土壤。

三、利用温州人的创业精神来对大学生进行创业教育有亲切性。很多学生就是看着本地人的榜样在学习，一下子比较贴近。说比尔盖茨、戴尔，那是美国，要头昂起来看，看着就很崇高、很浪漫，有理想，让你觉得能够做到像戴尔一样也很好，但是他总觉得距离太远。以温州青年企业家的创业精神和创业事迹对温州的大学生进行创业教育，他就很容易渗到青年学生的心目中，同时，学生也容易融入到社会的氛围中去。说温州人喜欢赚钱，我有一个比喻：他把财富看成他正在谈恋爱的对象，日思夜想，想把它搞到手；他不会用坏手段，因为他要把她娶过来，当老婆。八十年代的时候，别的地方的人不是这样认为，觉得经商很苦，也认为不应该这样。而这里有这样的社会风气。再有，这边人会说“你是个男人嘛”，说“男人”，意思就是，你连钱都赚不来，就不像个男人。这和杭州、上海等地不一样，他们素质比较高，对钱的理性思维比较强。而温州人总是认为，我有钱了以后事才好办。所以说，有社会氛围，有社会榜样，有家庭影响，这个社会教育的影响就比较容易深入。

但是我们还有两个问题：

一、这个本土化一定要和全球化、和时代精神相吻合。在北京开研讨会的时候我说，北京人在研讨四合院该不该拆，哪些该拆，哪些不该拆，传统走向现代化的步伐在北京越来越快，温州这个步伐也在迈，痛苦也在承受。但温州这几年最重要的是承受另一种痛苦，那就是这个区域的文化、特点怎么走向全球化，与外面接轨，温州人现在最大的痛苦就在这里。对温州大学生进行创业教育，把创业精神融进来，他一下子就贴近了。但是，怎么样把时代精神和全球化理念融合到教育中来，这就是创业教育里内容的创新，教育内容的创新，这一点非常重要。否则的话，我们的创业教育具有局限性。起初，温州人为了自己的利益，为了自己的生存，整个行业抱成一团，没有什么经验能把打火机的官司打赢。那是生存所逼，也不懂英语，但是他敢干，以这种精神把官司打赢的。但现在已经不是那种情况了，要和国际惯例接轨，你要懂国际规则。对温州来说，目前最大的事情是跨国并购，过去我们是被动的开放，招商引资，现在是主动的开放，把外国人的经营理念和经营方法学过来，让我们进行跨国并购。这就要求你要有国际视野、懂得国际惯例、熟悉国际环境。例如，我们有一个哈杉鞋业，它先把鞋厂办到尼日利亚，然后把意大利的股份大部分吃进来，然后把他的培训学校办到意大利米兰，然后上市。四步走过来，都是比较典型的跨国并购。今年 2 月份《风云浙商》评了三个温州商人，其中一个把自己的企业园花了一亿美元办到美国，他经过认真研究，打过官司，想尽办法跨国并购海外企业，这是温州目前的一个新动向。所以我认为，大学生创业教育的内容已经不是八十年代的内容了，过去我们叫“四千”精神，后来大家都笑这个“四千”精神，光吃苦是做不来的，过去大家都说温州人白天当老板，晚上睡地板，能吃苦就把钱赚过来。现在上海人说，温州人白天当老板，夜晚看黑版，跟过去正好颠倒过来。时代不一样了，应该把时代精神、把全球化的理念加入本土化当中。

二、运作上的创新。可能我们美术与艺术设计学院的条件相对比较好，温州的产业，相对比较起来，最缺的是什么？做一个产品，一般是这样的：先设计，再进行生产，再市场销售。市场销售温州人做得比较好，加工生产则是个过程，这里温州过去做得不够。温州人的特点是以商带工，商业流通带动了加工生产，商贸业带动了制造业，制造业在温州不怎么样，我们的红蜻蜓或者是奥康，最大的特点是营销，他们都把加工生产放在重庆和成都，这是一个经济学上的“微笑曲线”，利润在两个高端，加工生产是不赚钱的，像美特斯邦威一样，他自己一件衣服也不做，但是最赚钱。鞋革里，一半加工生产在外地的，都赚钱，因为温州的土地越来越紧张，原材料、加工生产都是从外地进来的。与处在“微笑曲线”中间低谷的加工生产不同，温州的研发设计是一个高端，市场销售是一个高端，而研发设计越来越重要。温州的产业包括鞋革、服装、低压电器、家具、包装印刷等，这五个产业是前五位的。四个都需要工业设计，去年以来，我们是真正认识到工业设计假如上不来，整个产业的创新和提升就上不来。去年“十一五”规划提出九个创意设计平台。我们的创业教育，在内容上要更贴近、更符合温州的产业创新本身的实际，方法、运作上也是这样，跟水土相符合，有它的渗透力、亲切性。方法的运作上，美术与艺术设计学院的创业教育在方方面面是非常贴近的，因为温州有很多中小企业，就需要这种创意工作室，创业中心最主要的要孵化出来的是创意工作室，比如广告创意。除此之外，还有工业设计，原来眼镜就卖十来块钱，赚几毛钱的加工费，现在都卖到 200 多，就是工业设计不一样，非物质附加值增加了。我们穿的衣服脚上的鞋子都是花的，多色彩的，生活也应该是丰富多彩的，眼镜是老古董的肯定不行，所以现在的眼镜也是花的。假如在这方面贴近了，契合度就比较好。但是光这样还不行，创业教育也有一个与时俱进，在运作方面也有不断创新的问题。温州大学的办学理念一直是比较贴近地方的，这是一个很大的特点，在运作上是跟本地水土相符合的，也把外面的好东西吸收进来，进行融合，让它更提高，我们把这个问题看成是方法上的进一步创新。

蔡克勇（教育部教育发展研究中心专家咨询委员会副主任，中国高等教育学会副会长、教授）

我是昨天中午到的，下午浏览了温州市市容，今天早上又看到美术与艺术设计学院的大学生创业中心、几个拿到营业执照的学生创业工作室，刚才听了几位同志的发言，感觉收获很大，学到了很多东西，感想也很多。在这里，我想着重说两点：第一，要搞好创业教育，就是要提高对创业教育意义的认识。关于这个问题，昨天吃饭的时候，温大的周副书记也谈到了。就是说，如果我们对大学生创业教育是站在一个比较狭窄的范围里理解它的意义，只能是小打小闹，只有在更广阔的空间里理解它的意义，才会努力去做大做好。我深深感觉到，温大这种经验是非常重要的。由于创业教育要解决的问题很多，只有深刻认识它的意义，才会下大力气进行改革，来推动创业教育，否则只能是小打小闹。

对于创业教育的意义应该怎么认识？我觉得应该从三个层面来认识。

第一个层面，最直接推动创业教育的原因，是解决学生的就业困难。大学生就业困难，这是一个世界性问题，普遍性问题。世界劳工组织有一个调查报告，在21世纪，大学毕业生能够拿到工资的工作大约只占45%，另15%的学生找不到拿工资的工作，因此要求他们进行创业。对我国来说，这个问题就更重要了。我国人口多，大学生这几年里增加得很快，怎么解决这个问题？广东提出了两个重点，一个是引导大学生到基层就业，再一个就是引导大学生自主创业。通过这两条来解决大学生就业难的问题。这是很有意义的。各个学校对创业教育越来越重视。但是光这样认识这个问题是不够的，还应该再提高一个层次、一个层面的认识，那就是说，这是全面提高大学生素质的要求。大家都很熟悉，中央关于全面推进教学改革、提高学生素质的规定中，很明确地提出，提高大学生素质的重点是进行市场教育，重点是培养创新精神和实践能力。而我们的创业教育，说到底，就是要培养大学生的创新精神。

大家都知道，提出创业教育是在1989年，联合国教科文组织和教育部的一个中心在北京香山饭店开的一个国际研讨会上，发表的宣言中提出要进行创业教育，而创业教育的内涵是什么呢？当时提出，基本的内容就是要让学生把变化看做是竞争，要引导学生、教育学生、培养学生有这种不怕困难、不怕挫折的精神，要引导学生、培养学生具有合作精神、协作精神、规划的能力、领导的能力等等。这就是创业教育的基本内容。很显然，这也就是我们现在强调的素质教育很重要的内涵。所以，对于培养大学生的创业能力、创业意识，实质上就包含这样的一些内容。应该说，全面提高学生素质的教育是一个层面。

如果从更高的层面看，那就是知识经济发展的问题。知识经济是什么？知识经济就是以现代科学技术为主导的经济，它的本质就是创新。因为现在科学技术发展最突出的特点就是加速度地发展，成果的积累很快、很多，而这个很快积累下来的成果，很快地又转化为商品，而商品在市场流通的周期也越来越短。这样一种状况要求：第一，我们培养的学生要有创新精神，不断地创作着科学技术的新成果，不断地把成果转化为商品，又要自觉地不断淘汰自己创造新的产品，这就是创新。美国一批科学家认为，在知识经济社会里，一个突出的特点就是理论研究和应用的界限越来越淡薄，传统的理论和实践的界限正在淡化。他们提出，要重新给知识下定义。知识是什么呢？知识就是行动的能力。因此，要大大培养学生的社会实践能力。我想，知识经济的这种发展要求，跟创业精神是完全一致的。

如果我们从另外一个角度看这个问题，大学生的创业活动、创业教育，是在什么时候作为一种教育的内容提出来的？它是同知识经济同时诞生的。根据美国经济学家的研究，美国的知识经济大约在20世纪80年代初出现，而全世界最早出现知识经济是在美国。同样，最早出现大学生创业活动的也是在美国，那是在1983年，当时小布什当州长的德克萨斯州立大学，有一部分学生自发地搞了一个做生意的计划，用现在的话说是创业计划，他们称之为商业竞赛计划。计划的内容是关于：一个产品有了，怎么样变成商品，怎么样进行营销，搞了一套完整的商业竞赛计划。很快，在麻省理工学院同样的计划也搞出来了。

而我国，1989年那次会议以后，根据美国的创业活动情况提出了创业教育的问题。我国教育部的基础教育司也跟联合国教科文组织等有关机构在我国搞了试点，也有一点成绩。但是，到中期慢慢地就无声无息了。之所以后来又发展起来，是在1997年，清华大学几个研究生在网络中看到美国大学生搞商业计划竞赛，觉得很有意思，他们自发地发出一个倡议，在北京的大学里搞创业竞赛，北大、北航都参加了。然后团中央进行支持，直到现在，成为了创业教育。为什么80年代末90年代初我们官方推行的创业教育无声无息了，而1997年以后，学生自发倡导的创业能够成了气候呢？应该说，也是和知识经济的发展有关。根据我们国家经济学界的研究，我国的知识经济是在90年代中后期开始发展。这不是偶然，知识经济的发展要求我们进行大学生创业活动，加强大学生创业教育。

因此，我们应该从这三个层面上来认识创业教育，才可以下大决心把创业教育做好。

第二，怎样把创业教育做好？温州大学提出了“温州模式”。我感觉，温州大学应该有独具温州特色的大学生创业教育模式，温州大学应该成为我国大学生创业的一个排头兵。这个任务的提出，是地方经济社会发展的要求，是我们国家高等教育改革发展的一个重要要求，也是我们学校提高质量、凸显办学特色的一个要求。

温州的地方经济社会发展非常需要温州大学能够在创业教育方面做出

贡献。我先举一个例子：刚才我讲到，麻省理工学院的创业教育搞得很好，他们从80年代到90年代对创业活动大力支持，发展的成果也非常丰硕。1999年麻省理工学院有个统计，那一年麻省理工学院由教授和毕业生、学生所创办的公司的资产有2300亿美元，这是什么概念呢？他们说，如果把这个作为一个国家的经济组织，在全世界排第24位。创造了1100万个就业岗位。也就是说，它对麻州经济社会的发展做出的贡献是不可估量的。振兴麻州经济，麻省理工学院做出了巨大的贡献。我们温州大学在目前，在今后一个比较长的时间，对温州的经济发展具有不可推卸的责任。

温州的经济增长速度还是比较快，百分之十几，但是增速与杭州、宁波相比较，是降低了，原因在哪里？我觉得，可能还是由于温州地方经济企业发展的技术含量低或者相对增长不足，为什么杭州和宁波发展得快一些？因为他们的技术含量更高一些。要提升技术含量靠什么？温州市花了这么多的钱办了温州大学，还是希望在经济发展中有所贡献，地方大学就是要为地方经济的发展，为地方社会的发展贡献自己的力量。再讲大一点，我们国家要走创新型的道路，地方也应该走创新型的道路。地方要走创新型的道路靠什么？靠培养创新型人才，国家也是这样。胡锦涛总书记在去年两院院士大会的讲话中提出，我们要搞创新型国家靠什么？靠创新型人才，关键在于培养创新型人才。所以，振兴地方经济，使温州的经济能够迅速地有这样一种力量，一种生命力，一种活力。从我国整体来说，高等教育的创业活动还是比较薄弱，一个突出的问题就是，成功率比较低。我今天看了温大美术与艺术设计学院的学生创业中心、创业工作室，认为你们整个的方向还是正确的，如果我们能够做到位，对其他的学校也应该是一个很好的借鉴，从而成为一个排头兵。教育部现在对于就业问题、创业问题非常重视，而创业的前面又加了一个词"创新创业"，没有单独说"创业"。意思就是，我们的创业实质上包含了创新。这就是我国今后的高等教育最最重大的就业问题、创业问题，实质上也是能够有所发展的一个重要问题。

第三，这也是温州大学发展的需要。温州大学要提高质量，在于两个方面。一个方面，基本质量要达到国家的要求。今天我看了温州大学的建筑，曹胜利会长也说了，这个房子真是盖得好，这是物质条件好。地方支持给你们一定的物质条件，这不是关键，关键是我们怎么利用这个条件来提高办学质量，提高人才培养质量，除了达到国家要求的基本标准之外，更重要的就是办学特色。什么是质量？特色就是质量，特色就是核心竞争力。教育部最近这几年非常重视评估，而"特色"这一项在评估的指标中占的位置、比重是越来越重要，原来是三级指标，后来是二级指标，现在变成一级指标，为什么？就是说，高等教育再不能用唯一的学习的质量标准来衡量。我们要提高质量，大力培养学生的创新精神、创业能力、实践能力，这应该是温州大学的一个重要的特色，用这个特色去生存。

能不能够搞成一个温州大学的模式？我认为，通过努力是可以的。最重要的是，温州这个地方有它自己的创业特色。一方水土养一方人，温州的水土会养育温州大学的一种精神风貌，而温州经济发展已经形成了自己的特色，它的创新创业也有自己的特色。我最近看了一份材料，有的经济学家说，民间的创新创业模式有三类，一种是温州模式，温州模式的特点就是草根派，老百姓自己创业，它有一个特点是经济、实用，这些对大学生开始创业的时候是非常重要的。第二个模式是中关村模式，两大特点，一个是高科技，一个是海归派。第三个模式是深圳模式，借助外来资本技术发展。我觉得，"温州模式"的这种"草根派"有一个很突出的特点，还是敢于为天下先，敢于创新的精神。温州有一句话，讲得非常形象，"我创新，失败了无非就是再去睡地板"，有这样一种精神才敢创新，创新就要探索，创新就要冒着极大的风险。如果没有这样一种精神，那就只能求得安宁。要有这样一种失败了又有什么，无非是再睡地板的精神，才敢于去冒风险。

另外，温州的"四千""四万"精神，在今后还是应该大大发扬。任何一件事情，如果想做成功，也是需要心胸宽阔，要做生意，要道出千言万语，企业家和教师、推销员的一个共同特点就是人际交往能力、语言表达能力都要好，是要千言万语。要开垦市场，找遍千山万水，要到处去闯荡。要千方百计想办法。这样一种精神，一种文化底蕴，对于学生来讲，应该很好地发扬。最根本的就在这里，离开了本地去搞一个什么模式，是很难成功的。而你在这个地方，就要吸收地方的文化，这才能成功。今天看的美术与艺术设计学院的学生创业中心、创业工作室，实质上也都体现了这样的一种精神。

我们要真正办成一个有特色的大学生创业中心，最重要的是办学思想要正确，也就是定位要正确。温州大学的发展，定位在什么位置上？这是现在摆在各位老师面前一个要解决的问题。昨天和前天，教育部组织了一批专家到教育部和地方共建的延边大学，考察他们的发展，本来让我去，我没有去，来到了这里。教育部现在搞共建，但是对所有学校来讲，这个问题是非常重要的，而发展战略中的一个核心问题就是定位，到底学校要办成什么样的学校？要培养什么规格的人才？这很关键，温州大学的办学定位就很切合实际，很好。我讲一个小故事，去年，我到杭州参加树人大学开的一个研讨会，顺便看了浙江大学的城市学院，他们的领导同志跟我说，我们这个城市学院是本科，浙大也是本科，一种方法是把他们的教材搬过来，照样教学，对外说也好听，我们是按浙大的模式培养人才。另外一种路子是我们走自己的路子，我们和浙大的条件不一样，我们要从自己的条件出发，搞出自己的特色。他们做了研究以后，感觉到其中一个非常突出的、两个学校不同的特色就是，浙江大学的学生，大部分都是高级知识分子和干部的子弟，这些人受家庭的熏陶，对作研究工作，这种抽象思维、逻辑思维的能力更强，所以他们概括为，浙大培养的是"拿项目"的人，去争取项目，搞科学研究。而城市学院的学生，主要是浙江小企业主的子女，而这些学生在家里受家庭熏陶，对怎么做生意、怎么争取订单很在行，所以，学院认为，应该着重培养"拿订单"的人才。刚才看到温州大学美术与艺术设计学院的学生工作室，学生拿的是营业执照，我想，你们能不能着重培养"拿营业执照"的人。我们要找到一个定位，拿执照的人跟那些拿项目的人比较，是不是就低一等呢？我觉得，不能这样认为，因为国家前段时间开了一个人才工作会议，认为我们国家需要的人才是各种不同类型的，而各种不同的人才有他不同的特点、知识结构，他们之间是不可比的。你说是粤菜好、湘菜好，还是鲁菜好？不可比的。我们只有在办学思想上明确这一点，才会理直气壮地去做，否则就会觉得，我们这样做似乎会降低我们的身份，是对我们水平的降低。我认为，不应该这样想。德国的经济、科技都是很发达的，他们大力发展创业教育。联合国教科文组织提了一个口号"大学应该成为大学生创业的熔炉"，这是世界最高的教育机构提出的一个口号，也是一个改革的目标。也就是说，我们对于"拿执照"这样一种能力、素质的培养，实质上要把温州大学变成一个培养大学生创业的熔炉，温州大学也可以是大学生创业的熔炉。

昨天在路上，温州大学团委的蔡书记跟我说，学校在对贫困学生的支持上做得比较好。他说了一句话，"这也有一个负作用，外省的贫困学生都想考到这里来。"我马上说，这不是负作用，这是正面作用，如果温州大学能够把在外地不能读书的贫困学生都聚集到这里，毕业了，你又让他能够去创业了，我们把这些贫困学生都培养成一个小老板，他今后创业有成就了，这对于国家、对于广大的家庭、对学校发展都是非常好的，对温州的发展也是非常好的。如果说一个山区走出来的学生在你这里读书、毕业了，以后成为老板，他发财了，他会怎么对待母校？会怎么对待温州这个地方？温州就成为了他的再生之地，再生父母。我觉得，我们应该长远地看待这个问题。这就是说，要成为一个创业的熔炉、创业中心需要转变的观念。当然，你们的具体经验也很重要，创业中心、创业工作室，让那些有这种志趣，有特长的学生先尝试，这就更具体化了，也是一种很好的经验。另外，你们发动共青团、学生会来做这件事，这也很重要。还有，你们请企业家做兼职教师，把教授派出去，这很好，因为如果我们的教师自己没有创业精神，去培养学生就很难，这种精神光靠书本是得不来的，要走出去。这都是你们的具体经验，应该大大进行推广。还有一点，要争取地方政府对大学生的创业活动进行大力扶持，比如，拿执照不要太困难，手续不要太繁杂，很多地方都已经出台了相关政策，像湖北等地。你们要多跟政府交流，让他们在这方面大力扶持。

我就讲这么多，谢谢。

林娟娟：昨天工商局的局长正好带着中层干部到我们学校来谈合作，工商局下属很多部门都想和我们联手研究，同时也对同学“拿执照”给予一定方便。

曹胜利（中国高等教育学会会长助理）

刚才蔡会长发表了很好的讲话，蔡会长是教育部资深的宏观教育政策专家，理论功底很深。关于当前的创新创业教育，接触得也比较早，他的讲话不光是对温州大学老师们、同学们有启发，对现在热衷于创新创业教育研究的人也很有启发。听了蔡教授讲的，会联想到很多科研中的问题，也会联想到办学模式中创新创业教育如何进一步展开，形成一个新的局面的问题，很受启发。

我个人非常高兴能来参加这个研讨会，很早就想到温州、浙江搞一些调研，1992 年的时候我在浙江挂职了一段时间，各个地方都跑过，1992 年我到过温州，当时的温州相当落后，比较繁华的地方就是五马街，我住在教育局的招待所，空调就像拖拉机。晚上到处看到阴宅。这次来，看到变化非常大。

到高等教育学会后，在蔡会长的领导下，主要着力在创新教育工作，我们感觉到，浙江经济发展比较快，而且现在浙商精神在全国叫得比较响。温州人的精神也是浙商精神的精华。好几次我们在学会里讨论，一定要找机会到浙江、杭州、宁波、温州转一转，想在适当的时候，到浙江、到温州搞一个浙商精神创业的研讨会，直到今天，这个意向还存在，这次来了以后，感觉到愿望更强烈了。

来之前谢志远老师对这个会介绍得不多，只说请各位专家来指导一下。

来了以后，听到周副书记和林副校长的想法，我们是想把大学生的创新创业教育作为温州大学的一个特色，一个人才培养模式来看。我个人认为，这是非常有战略眼光的，以创新创业作为温州大学的特色，或者是上升到某种办学模式的高度来论证、来看待、来整合、来进一步发展，这个意识是非常超前的、务实的。说明校领导很有战略眼光，也很有战略远见。所以我感觉这次会议应该是一个办学目标的开始，下一步需要进一步做的工作应该还是很巨大的，这是一个非常好的努力方向。

前不久我和高教司的张司长谈到当前高等教育质量工程问题，聊到创新创业教育问题，他有一个提法，目前有“三个世界”的说法，我们面临着一个本土世界，二是外部世界，三是虚拟的网络世界。这“三个世界”的说法很有一些道理，要站到本土世界里，同时要看到外部世界，还要看到虚拟世界。应该在三个世界的一致性上来看问题，或者说在三个世界的结合部来找到我们在历史发展、认识世界，干工作的定位。

谈到温州模式，谈到温州人的精神，我认为，温州的模式、温州人的精神也需要有一个适当的提炼，同时，可能也需要在新的形势下有整合、有升华，有新的概括。因为温州的经济发展也提出了产业升级和社会经济进一步发展的要求。

如果创办温州模式，研究温州人的精神是必要的，首先把这个具有时代感的，既体现现代、又体现未来的精神在新的形势下进行升华，“四个千千万”，是在改革开放初期听到的，当时我听绍主任说，温州人很了不起，浙江人很了不起，拿着一个小小的钉鞋的机器跑遍了全国，包括全世界，很有吃苦的精神。很明显，在今天的新中国，新的世界环境下，温州人的精神应该注入创新的精神，因为他们已经走向全世界了。

我对温州人有两个认识，一个是我看到过一个法国的报道，法国爱丽舍大街有一个以色列犹太人办的一条商业街，最终变成了温州一条街，原因就是温州人在市场竞争中打败了犹太人，说中国的温州人比犹太人还善于经商，还厉害。这就是一个很说明问题的例子，当然其中还有互相帮助、民间集资等，表现了中华民族在财商中高度的智慧精华，比较抱团，又互相支持，讲信用。还有一次，我到挪威去访问，在飞机上看到一个老太太，带着一个孩子来回跑，说的语言我以为不是英语就是挪威语，后来一打听，说的是温州话。她是文盲，抱着一个孩子，把挪威奥斯陆的市场全打开了。这样的例子，在世界各地也比较多。所以，温州人善于经商的精神确实是值得总结的。特别是在改革开放初期，并没有得到党的有关优惠政策的关照，反而在相当一段时间，纠缠在姓资姓社的怪圈里，在相当长的一段时间内是比不上苏南模式的，但是后来，它焕发出了很顽强的生命力，更符合国情，符合区域特点，因此现在在中国现代社会主义当中所有制并存的领域里，很符合本地的发展模式。所以我想，温州人的发展精神，温州人的发展模式，如果我们办成创新创业教育特色，是很值得探讨的。

在这样一个好的环境下，教育的功能就是如何把温州的精神，温州人发财致富的模式，通过教育的手段复制成功，把它能够传承下来，平时，把温州人本身所具有的这种特点，经过大学的培养，变成一种很重要的思想意识，变成一种财商、一种创富的技能，这个任务还是很艰巨的。既有本土的特点，同时，当地的经济又是这么蓬勃发展，如果教育能够把这种观念、这种知识、这种素质、这种意识加以培养、加以传承、加以发扬光大，蔡教授讲的国际思潮，由研究型大学、应用型大学，进而向创新创业型大学的转变，还是很有发展潜力的。

当然，现在我们面临周围的世界比较复杂，很难描述，主体世界很难描述，外部世界很难描述，虚拟世界更难描述，但如果不能给予科学准确的描述，那你在这个复杂世界的定位就很难定。因此，什么东西代表了未来？什么东西虽然用了很时髦的语言，但是它代表了一种过去，一种落后的因素。而哪些东西很枯燥，甚至被人看不起，你用辩证的观点看，它是很有生命力的。这在科研上、学术上，包括理论研究上，是非常值得研究的一个问题。蔡教授的一本书谈到了21世纪的教育走向问题，也就是趋势问题，无论它现在多么弱小，多么不为人们所赞同，但是由于它代表着未来，它终究要发展。所以，温州的草根经济、温州的草根型创业模式，如果作为温州大学的一个特点，这就是一篇很值得做的大文章，对温州大学的建设是一个很好的借鉴，对当地经济的发展，对有中国特色社会主义的建设也很有示范作用、借鉴作用。像北方的一些大学，在课堂里讲了很深厚的理念，但在周围找不到实例。而温州不一样，在大学课堂里传播很新的概念，在我们的周围都能找到种子、找到萌芽，甚至是幼苗。这种正相关的社会、教育之间的互动，是温州得天独厚的优势，也是办好温州大学得天独厚的优势。

刚才蔡教授谈到，创新创业如果只是望文生义，或者由于种种现实的需要，顶多只是小打小闹是远远不够的，一定要认识到创新创业教育的时代意义、历史意义，对社会发展的现实意义，对于高等教育自身改革发展的意义。我非常同意这个论断，只有在这个思想的指导下，我们才能把高校的创新创业教育搞得生机勃勃，而不至于一会儿热，一会又冷寂下去，然后再热一下，然后再停滞下来。耐斯在大趋势中谈到几个问题的时候就讲到，时尚的东西，时髦的东西往往是自上而下的，而真正成为趋势的东西，往往是自下而上的。我看了很有体会，温州大学美术与艺术设计学院的创业教育模式恰恰是一种自下而上的模式，所以它深深扎根在我们这片沃土中，可以在社会中找到它的生机和活力，而在北方，就很难找到这种社会资源。在这个问题上，中国高等教育学会目前想筹建的创新创业分会，也愿意为温州大学的创业教育模式贡献我们微薄的力量，再借用温州的基础和东风，把这项成果推向前进。

最近我们学会打了个报告，报告了我们学会在创新创业方面做的工作，领导有个批示回复，希望中国高等教育学会在创新创业教育方面进一步提供理论支撑，这还是一个很艰巨的任务，我们除了向基层学习，向高校学习，向有关专家学者学习，特别是向创新创业走在前沿的清华大学、北航、温州大学、黑龙江大学等学习，才能够完成这个工作。同时，在原来9所大学试验创新创业的基础上，把这项工作推向前进，并且逐步提升到培养模式和办学模式的高度来论证、来推广。通过几次研讨，包括在清华大学、西南交大、上海交大的研讨，我们认为，在适当的时候，开点类似这样的地方总结经验的小型座谈会，意义还是很深远的，不断深化我们的认识，发展我们的思维，把工作做得更实在、更具体。

我们跟雷教授几次探讨，觉得创新创业还是一回事，刚才洪教授提到创新创业的更高一个层次是创意，我也很赞同这个观点，思维是最高级的一种形态，创意加创新再加创业，等于创收，等于一个人才培养的成功。现在创新创业教育不单纯是一个时代的召唤，也是社会发展中一个紧迫的问题，大量学校都面临就业问题，当然这个背景很深刻，转轨变型的历史时代面对着很复杂的情况，如何在这里走出一条新路，确实我们也面临着很具体的问题。上次我们开会，雷教授也提到了这个问题，高等教育不知在什么时候已经成为一种风险投资了，不是每个人毕业了都有工作。从这个意义上讲，创新创业教育还是很有时代和现实意义的。如果通过我们的工作，通过我们的努力，我们的学校教育能更适应经济社会的发展，不但能培养“拿项目”的人，能培养“拿订单”的人，还能培养拿第三张教育通行证——“拿执照”的人，我们就会培养出除了无产阶级事业接班人之外，还能培养千百万的企业家，培养出社会工作岗位的提供者。所以这个工作是很具体、很实在的，也引起了很多人关注这项工作，但是做好工作的前提，一个是面向实际，总结大量高校师生创业实践的案例，同时在一定的理论层次上加以规范和指导，以便把这项工作做得更好。

这次我们到温州大学来，看到了很多材料，也是一个很好的学习机会，真的感受到了生机和活力。包括谢书记已经做成的大学生创业工作室等等，应该说，在传统的教育体制内都是崭新的东西，是全面创新的东西，同时也寓意着改革的新方向，这里的生命力和生机是无限的。因此，我们所面临的问题和困境，特别是这么多大学生毕业以后找不到适当的工作，一时有斯文扫地，甚至有新的学习无用理论，但是，我们应该从这个复杂的社会现象中看出，这是社会改革传递的一个非常重要的信号，这个信号就是我们的时代、我们的教育理念要转变，我们的教育思想也要转变，我们的培养模式、培养目标都应该与时俱进，有所创新，否则，就会落后于时代，起不到教育的基础性、战略性和先导性作用，而知识经济时代，大学管理者的地位恰恰是在创新和创业上要有新的作为，要把知识的资本在一定条件下转化为知识的股权和期权，以便在智慧之火上不断浇上励志之油，使人才得到更好的价值。

下一步创新创业教育的工作可能还需要得到温州大学领导的支持，谢谢。

雷家骕(清华大学创业教育中心副主任、教授)

在座的大家都是老朋友，这次到温州大学开这样一个会议，是很有意义的。因为大家都是立足于把大学生创新创业教育推广、更实在，这样很好。今天开这样一个研讨会，是一个很亲切、很具有同感的研讨会。

关于创业教育的重要性、必要性，刚才蔡会长和曹助理都讲了很多。如果再做一点补充，有两点需要补充，从创业教育的重要性、必要性来讲。

一、创新创业是一种民族精神。一个国家要发展，需要一种精神，而创新创业就是一种精神，要使我们的精神更多地、更为持久地发扬光大，从教育领域来讲，需要开展创新创业方面的教育。过去我们讲，美国精神就是财富的起源，但是去年布什几次讲话中提到，美国人最大的优势就是他能够创造他所希望创造的一切东西。当然他讲得有点绝对化。但是我们想，美国这个财富中心就是靠创新、创业、创造建立起来的。过去讲，美国精神是积累精神，通过更多的财富积累来体现个人的财富，体现国家的财富。现在来看，美国精神就是创新、创业、创造的精神。对我们国家来讲，创新创业的精神在不少地区是比较淡漠的，但是在温州是相当浓烈的。我们要使更多人具备这种精神，使这种精神在我国形成一种风气，教育部门责无旁贷地要开展创新创业教育，这是一个开展创新创业教育的必要性。

第二，经济发展靠资源，一个是资本，一个是劳动，一个是技术。不管是研究宏观经济还是微观经济，谈到经济增长，谈到企业发展，都离不开资源。但是对中国来讲，资源是非常短缺的，过去我们讲，中国地大物博，前几年有一句话，把地大物博进行了否定，中国凡是好的事情，用13亿人一除，就很小了，不一定是很显眼的好事。但是不显眼的坏事，用13亿一乘，都是很大的不好的事情。中国由过去的地大物博，转变为现在的"地大物薄"，要实现更好的发展，就很困难。但是从另外一个角度讲，资源有两大类，一类是天赋的自然资源，一类是人文资源。办工厂需要的是自然资源，办教育需要的是人文资源。以往我们对自然资源开发得比较多，但是对人文资源开发得不够。通过教育，中国要办教育，可以说有5000年的历史积淀下来的人文资源，如果我们能够把这种人文资源更好地开发，中国的发展会更有影响，另外，我们的自然资源的消耗会更为理性。

温州大学在温州这个地方，这里最大的人文资源就是创新创业文化和精神，在温州大学特别需要发展创新创业教育，而且这种资源优势是其他地方不少学校所不具有的，刚刚蔡会长和曹助理都说了这件事情。如果对这部分进行总结，开展创新创业教育是我国发展的需要，是民族发展的需要，在温州大学开展创新创业教育，也是温州大学借助于温州这片得天独厚的人文资源来发展温州和浙江，甚至是对全国经济发展做出贡献的独到的条件。

怎么把创新创业教育做得更好？温州大学美术与艺术设计学院在这方面积累了不少经验，让我们看到了不少过去我们没有看到的新鲜的事情，对在我们自己的单位里开展创新创业教育都有很大的启发。这里有大学生创业中心，这是实实在在地在做，我们有了一个清华大学中国创业研究中心，主要是做一些研究项目，给大家的创业做一些鼓舞，这就和你们有区别了，你们是真枪实刀地干，而我们没有。我一直想，今后在我们的科技园搞一个大学生创业的实验室，但是一直没做起来，就是因为缺少像温州这样的资源。你们这里的大学生创业中心实实在在地做起来了，我们的创业实验室也要加强步伐，一交流、一沟通，大家都会受益。

把创业教育做起来，第一个要解决好的是渠道问题，大家都意识到创新创业很重要，但是找不到很好的途径，怎么样把创新创业教育融入到现在的教育序列中？你们好像现在已经融入了，我们主要是给MBA开创业方向课，给全校的本科生开全校的选修课，我现在一直努力地在MBA作为必修课,给本科生作为素质教育课,这样对于强化大学生的创新创业精神是有好处的。我们一直说,大学生是社会的精英,如果这个精英群体创新创业意识不足,那我们的国家怎么发展?一直以来我们也在游说,学校还是相当支持的。原来我们是三个人讲创新教育课,现在这三个人不够了,一些过去做研究、做案例的老师下学期也要帮着开课,可能会有四五个人,这门课程是计学分的。

第二,创新创业教育要做得更好一些,也要解决理念问题,即便学校给了你渠道,给了你进入课程教育序列的渠道,你也要有一套理念。刚才蔡会长讲的创新创业统一,我很赞成。中国的经济已经由过去改革开放转化到现在的丰裕经济,过去是买不到,现在是东西卖不完,你的产品要创新,要在市场中实现它的价值,就更不容易。相应地,你要想创业成功,就一定要有创新。我们讲创业必须有创新,这就涉及一个问题,一个常规的概念,过去大家总是把创新神秘化,一想到创新就是高技术创新,一想到创新就想做一个前所未有的东西。实际上,现在国际上也有一个概念,向低收入群体创新,创新不一定是搞高科技的。大量的创新还是现实生活中极为实用的东西。比如手机,是通讯行业的创新,开始手机进入中国的时候,大家都觉得它是奢侈品,中国人买不起。现在来看,连收废品的都在车上写上他的手机号。总的来讲,手机这个创新还是价值比较大的创新。但小灵通价格就比较低,使更多的人可以使得起,所以有人把小灵通称为面对低收入群体的创新。

谈到创新,不能把它局限在高技术的创新上,一定不要把它神秘化。如果我们不把创新神秘化,那么,创新和创业的结合就是一种顺其自然的事情,是一种必然的事情。

还有一个笑话说,小灵通一直搞不清自己的身世,有一次小灵通走到大街上,别人看它一眼,然后就笑他,小灵通觉得不明不白,回去找研发人员要求做DNA检测,检测以后发现,小灵通原来是座机跟对讲机的结合,这时候小灵通才发现,别人笑自己的时候,原来自己不是真正意义上的手机,是一种面对低收入群体的创新。如果我们不把创新看得太神秘,那么创新和创业结合就变得自然而然了。这是解决创新理念的问题。

创业教育还要解决办学方式的问题,我们现在把创业教育作为MBA的必修课,本科生的素质教育课,实际上,有没有可能把创新教育作为一个专业?有些学校的有些专业要培养拿项目的人,有些专业要培养拿订单的人,而创业教育就是要培养拿订单的人。像美国百森(音)商学院,作为一个商学院，实际上发展的就是创业教育，学校的规模不大，专业不多，就一个专业，但是在全球很有名气。实际上，创新创业教育可能在政策允许的情况下变成一个正规的专业？蔡会长也讲到，学校有特色才有前途，百胜商学院的特色就是创业教育。温州大学在这块风水宝地上，有这么好的创业环境，能不能把创业教育作为在全国一个很有特色的专业？既有必要，又有这个基础。我在西安一所民办大学有一个朋友，他对这件事很有兴趣，我想帮他来做，但是西安的创业环境比温州差很多，连西安一个民办大学都有兴趣办创业教育专业，温州大学更有条件来办。

要想把创业教育办得更好一些，还要解决学生培养方案的问题。即便是我们把创业教育作为MBA的一个培养方向，但只是几门课，创业管理、投资管理、项目管理、创新创业与企业家精神、创业分析，只是一个模块。谢老师就搞成大规模，无论是多大规模，都需要一个完整的理论系统，才能给学生提供完整的训练环境。

另外，要解决社会支持的问题。温州整个的社会环境有利于创业，有利于创业交流与发展。谢老师能够让企业出资100万元作为基金来支持学生的创业活动，而我们要搞一个项目，找企业给点钱，企业很高兴，想推动学生创业，搞一个活动，学生找企业要钱还有可能，如果老师想找企业要钱，搞一个试验，推动学生创业，一般是要不来钱的。谢老师一下子搞来100万元的企业基金支持，有这么好的社会支持，能不能搞一个企业促进学生创业基金会、理事会，使之成为更大的资源。

雷家骕：

蔡会长给大家传递了一个很重要的讯号，对我们力主把创新创业教育做得更好的人来讲是一个福音，教育部在本科教学水平评估里把特色由三级指标变为二级指标，又变为一级指标。应该说，这对温州大学也是一个福音，对我们做这件事的人是一个福音。在开始评估之前，有没有可能在这之前把创新创业教育推动得更有特色一些、更热烈一些？像我们的创业教育，学生都是学理工科的，就想弄那些高科技的。而温州大学能不能更有区域特色？区域特色就是创新创业特色，这将来就会成为温州大学本科生评估的一个很大的亮点，在这方面应该很好地总结经验，提炼一些理念、模式，在迎接全国评估的时候好好地展现。我感觉，现在虽然做得相当丰富，但是评估专家来了以后，第一是先听理念，第二是听模式，第三是看亮点，还是应该很好地提炼出一些更吸引眼球的理念、模式和亮点。刚才蔡会长讲到的麻省理工学院的学生创业，创造了2300亿美金，1100万个就业岗位。温州大学的创新创业教育如果进一步搞得越来越好，将来温州大学的毕业生，甚至包括我们的校友，创新创业搞得好，在温州的经济里占若干个百分点，这个影响比将来学生毕业后找几个好工作要大得多。现在很多学校只宣传自己的学生找工作到了世界500强企业、政府部门，而从发展趋势来讲，如果温州大学毕业的同学将来成为知名企业家的越来越多，这种影响比学生现在找几个好岗位要更大、更长远。西安有两所学校，西交大、西军电，这两所学校经常互相比，但一到校庆的时候，特色就出来了，西军电一搞校庆，总是来一帮大檐帽，军官，好像很荣耀，但是不实惠，没钱。西交大一搞校庆，去一帮校友，南洋华侨，捐很多钱。所以人家说，西军电搞校庆荣耀，西交大搞校庆实惠。如果我们的校友都成了大老板，一搞校庆，1000个校友一人捐1万就是1000万，那就不得了。所以希望温州大学能更好地整合整合，加一点自己的特色，当然要把创业教育加进去。

张林（北京航空航天大学创业教育中心主任）

今天我来主要是学习，跟谢老师也是多年的朋友，很早就知道温州大学的创业教育。

我简单地用几句话介绍一下北航的创业教育。北航的创业教育也是从2002年开始，开了一些课程，有科技园、孵化器、创业管理培训学院。创业教育的机构、职能，有些做得不错，有些效果可能不是很好。目前全国创业教育的状况，能开课的就算起步了，就算有这个课程。像温州大学已经做到目前的情况的，那就是很有特色了。当然，各个学校的情况也不太一样，你在某一个方面如果能突出出来，就算是有特色。咱们这里的创业中心，就很像创业园，现在在大学里能做创业园的，并不多，很多学校的孵化器在其他方面发挥了作用，但对学校的创业教育的功能发挥得不是很好，我们的孵化器就已经是一个公司了，对外要讲经济效益，但经济效益好，并不等于对学校的创业教育支持力度大。清华的科技园也做得很好，对清华乃至中关村地区的创业教育有一定影响，有示范效应，但更多的是自己的经济效益好，社会效益和其他方面的效益还比较弱，他们的房地产开发搞得比较好，作为一个企业，这样做也可以。但是清华大学在搞面向学校内部的创业教育的时候，有一些功能还没有发挥好。

雷家骕：现在他们搞活动我们参与，给他们上课。

张林:能在学校里做一个创业园的,这对本校的创业教育贡献也应该是比较大的。像温州大学这种做法,给我一个最强的感触是务实,这个务实和温州地区的特点很吻合。洪老师说,温州人敢冒风险。其实我感觉,在南方,包括江浙这一带,从冒险的角度来说,还不如北方人,真正敢冒险的是北方人,像河南、河北、东北,因为他们的性格就是敢冒险。风险就是不确定性,他知道不可为还敢为,这就是冒险。南方这种精神是务实,他知道是怎么回事,了解这么做的后果,不确定性很小,所以说风险很小。北方人投10万,但可能投之前对项目一点不了解。这边投100万,但是投以前对项目很了解,在前期做了很多工作,比较了解,不熟的东西并不做,这是一种务实,而不是冒险。学校让大学生创业,都去做一些智力工作,不去搞生产。但在目前这个时期,搞设计的,效益可能会好一些。但市场的选择是分阶段的,如果大家都去这么做,生产企业很少的时候,只有你做生产,大家都来找你,你的效益就会很高了。这可能还涉及哪些产业、哪些行业是利润比较高的,这也是市场取向,到某些时候换一个行业可能就是颠倒的。

创业结合务实,就要分析自己的情况,你对不了解的情况,就可以不做,就做你现在能做的。但你也可以不做,可以在家等,等到什么时候懂了再去做。如果前期做,就可以积累很多经验,像温州大学的创业工作室,在学校期间会以非常低的风险学到很多创业的经验,而这种经验是非常宝贵的,若干年以后他可能不再做这些,但这种前期的经验积累会对他有帮助。如果觉得这是低收益,高付出,不做,那将来他付出的东西可能会更多,虽然收益可能更高,但风险会更大。如果温州大学还按目前的务实的模式去做,还可以扩大一些,让更多的学生进来,这也是一种实践教学,我们现在强调教学试验,就是这样,老师能指导的就指导,指导不了的,就让学生自学,这是创业必须要经历的阶段,在这段时间他不学,将来出去以后也要学,但成本会高很多,在学校期间以低成本去学,更重要的是学习一种经验。

照这种方式去做,温州大学很快就会在国内做到创业教育的排头兵,这不是不可能的。现在全国高校能做得比较好的,真正能拿得出手的,并不是很多,做的规模、时间、力度,很多都是有限的,如果咱们以务实的精神、务实的态度,学校领导支持,有一些务实的老师去做,去推动,很快就能做到全国的排头兵。就像现在大家说,可以不知道浙江,可以不知道温州。但说到创业教育,不能不提到温州大学,现在已经有这方面的一些体现了,大家说起创业教育都知道温州大学,但将来几年还要保持这样的状态,并走在前列,还是要加强。

今天来的主要目的是学习，借鉴一些经验，把这里的经验向其他的学校介绍一下，大家互相学习。北京市教委也想做大学生创业园，大家觉得都需要，但是由于多方面的原因，很难做起来，而目前温州大学的场地、资源还是能保证在这方面走得更早一些。

雷家骕：你们有很好的条件，在本地是龙头老大，只要一做，资源就到这儿来了。

林娟娟：我们也有很好的条件，但缺少理论上的思考。目前在做，但都是自发的，自下而上的。但从源头、从理念、理论上怎么引导，还有欠缺。将来如果做大，做成龙头，那就不仅仅是具体的事情，还需要理念的引导。

张林：务实本身就包括务虚，他知道我需要什么，知道我现在的环境需要什么，社会需要什么，我需要干什么，我的学生需要干什么，怎么去干，这就是务虚，这些没有办法提炼出来，但需要实践去做，如果仅仅务虚，方向是有了，但最后什么也没干，什么也没起来，也没用。

周卫中（中央财经大学中日创业教育研究所所长、副教授、博士）

在座诸位专家和清华、北航、温大的老师，都是开展创业教育的前辈，中央财经大学这几年在创业教育方面做了一些工作，先介绍一下我们的创业教育情况。

我们的创业教育从教学改革的角度开始，我是 2003 年回国到财经大学工作，给我印象特别深刻的一件事是，我的第一堂课是给财大企业管理专业研究生上管理学，我一进教室吓一跳，80 多人来上课，我在日本完成了研究生的课程，最大的课堂是 8 个人，在日本，不可能有几十个人来上研究生的课，研究生的课就是几个人来上的。这样，我的课也不可能有什么轰动，只能是填鸭式的教学。这就引起我一种反思，这时我们一位老师参加了在珠海举办的创业教育理论与实践研讨会，在这个会上我才知道国内的创业教育已经起步，很多大学都在搞。在回北京的飞机上我和这位同事说，我们能不能做点什么事情。他说，最简单的就是开一个创业学的课。我说，也许不太可能，我们能不能做一点其他大学没有的东西。后来我想到，把日本和德国的大学里很流行的演习模式借鉴过来，课堂规模比较小，师生进行互动。于是经过反复的讨论，这位老师提议，在学校搞一个创业先锋班，这也是借鉴了日本商业大学的经验。这个班在大一的时候面向学校招生，选30个人，财经大学任何一个专业的学生都可以来报名，目前为止一共招生了三届，第一届是180人报名，我们选了29人，第二届410人报名，选了30个，今年是220人报名，选了30人。从大二开始，进行三年的系统创业教育训练，训练的内容包括两大块，每个学期开设两门课程，一是结构性、知识性的课程，二是演习，这个演习比较有特点的就是，基本都是老师和学生在互动，大一的时候我们开了商务基础课程，从最简单的商务礼仪开始，怎样沟通、怎样表达。大三的时候就要讲商业企划书，做一些创业实务模拟。今年9月，第一届创业先锋班的学生会进入大四。

在做的过程中，有很多问题和困难，比如创业教育怎样融入现有的体系？现在我们的校领导很支持，最初是作为教学改革项目启动，一年以后扩大，申报北京市的教学改革项目，获得了资助，两个项目下来，一共获得了10万多一点的经费支持。有了经费支持，我们的工作开展得比较顺利，团队也越来越大。现在已经为这个班的学生开设了10门课程。当然还有一些开放式的创业教育任选课程，也做了一些企业家论坛，把企业家请到课堂，和温州大学的模式比较相像。今年5月，教务处专门给我们批了4万元经费，请企业家来先锋班讲课，由老师定课题，请不同的企业家讲不同的课题。

刚才很多人提到了创业教育的定位，我们做创业教育，究竟要做什么？这点有必要明确，从一开始搞创业教育的课题组的老师就有一个很清醒的认识，我们不是培养在校创业的大学生，我们是要培养未来的创业者，所以把素质教育和创业家精神的培养放在第一位，这是几年来一直坚持的。

我们做创业教育也有一些体会，没有领导的支持，可能是寸步难行。如果没有职能部门的配合，也什么都做不成。在项目运作的过程中，谢书记有很多东西都没有讲，我相信，我们今天看到的是你们成功的、辉煌的一面，在这背后肯定也有很多艰辛，遇到了很多困难。

还有，创业教育需要有一个有激情奉献的团队，开始做创业教育的时候，我们一本教材也没有，一个专业师资都没有，就是商学院一些年轻的老师开始做，我是发起人之一，我们几位老师说，不管学校认可不认可我们的工作，我们先做事，把事情做起来以后再逐渐争取资源。到今天来看，这个策略是比较成功的。从2004年开始到现在，三年多一点的时间，我们已经有师资在张老师那里接受培训，也有参加百生培训、KAB培训等等，学校很重视师资的培训，给拨经费。另外，学校专门为我们这个创业先锋班拨了两块场地，建了两个实验室，一个是现代工厂管理实验室，还有一个是创业实验室。如果到过中央财经大学的老师可能会知道,财经大学的地方非常少,校园只有 208 亩,跟温州大学根本没有办法比。在这种情况下,我们的两个实验室加起来 200 多平米,相当不容易,现在硬件已经到位,软件正在采购过程中。我们做的这些工作得到了学校各个方面的支持。

当然,我们这个模式最缺的环节就是温州大学谢老师这里做的学生的创业实践活动,虽然我们的定位不是培养在校创业的大学生,但是我们也不反对学生在校期间创业,条件成熟的时候,他完全有可能做,但这方面我们做得比较弱。刚才张老师也提到了,虽然我们学校也在中关村,但是在北京,中关村是一个很大的创新园,1.8 万多家企业,可我们不具备温州这样的优势,在中关村的老大哥是清华大学,还有北航、北邮等等很多,所以去找企业,可能就不像温州大学这么容易。

我们把创业教育作为一个事业来做,以后还会继续走下去。我在这里谈一点感想:通过参加今天的会议,对我来说是一个非常宝贵的学习机会,这是一种真实的感触。创业教育需要交流,各个学校都在这方面做不同的尝试,有的在 MBA,有的在本科生,有的在高职里也在做,都需要交流,总有一些可以借鉴的东西。蔡会长和曹会长讲的成立创业教育分会,是一件意义非常重大的事情,如果分会能够成立,一定会为我们这些致力于创业教育的人提供一个非常好的平台,我们希望能早日看到分会成立。

我们做创业教育,本身就是一个创业的过程。温州大学的创业模式称为"温州模式"或其他的名称,实际上充分体现了咱们温州人的这种创新意识和创业精神,本身就是这样一个过程。所以,可能就需要先做艰苦的努力,然后争取资源,如果想资源都到位了再做,那时候资源就不是你的了。

第三,在座高校有很多部门从不同的角度关注创业教育,比如教务处可能从特色教育、实践教学的角度,作为教学单位,我们要强调素质教育,作为团委、学生处,都有不同的角度,各种各样不同的目的,但有一点是共同的,那就是要培养学生的创业精神。

创业教育需要做,但创业教育也不能承载太多的东西,有的把就业问题也寄托在创业上,有的把教学特色全部要加进来,甚至要改变我们的初衷。我也经常讲,我们要坚持我们当时的初衷,因为我们的初衷是没有错的,我们是培养具有创业精神的未来创业者,在这个过程中,如果能够在实践教学方面为我们的教学特色添砖加瓦,我们也很愿意做,但是我们本末倒置,创业教育不能承载太多的东西。

我讲得很浮浅,谢谢大家。

魏和平(《中国青年报》创业周刊 记者)

很高兴又来到温州大学，在4月份，我调研的时候曾经到了浙江大学、温州大学，和一些进行创业教育的专家老师进行了交流，我今天来就是抱着学习的态度，看看大家怎么看待这个问题，因为我们中国青年报一直关注青年问题，特别是近些年青年的就业与创业问题非常突出，2004年6月份的时候我们就成立了创业周刊，专门关注这方面的事情。在这个过程中也发现，前些年大家非常有热情，可能也是受到了比尔盖茨、张朝阳创业成功的影响，但在实践中成功率非常低。现在有人说，大学生就业恐惧，创业更恐惧。我上个月到温州大学来和同学们交流，完全有另外一种感觉，这是一种全新的创业模式。像北航、清华大学、北大的大学生创业，就我们的接触来说，他们搞的都是重大的课题，或者是国内的领先技术进行市场化转化，我个人感觉，成功了，可能会做得非常大，但失败的案例更多，因为一个新技术要转化为一个被市场接受的产品，需要的资源非常多，也非常慢，大学生没有创业阅历，没有时间，去做这种事情，往往会遭遇各种各样的瓶颈。但温州大学给我的感觉非常不一样，我今天去参观美术与艺术设计学院的大学生创业中心，看到了同学们的创业理念和创业想法非常朴实，就像当初温州企业家给人家修鞋一样，比如美术设计的，就做房屋装修设计，学摄影的，可能做一些相关的工作。项目非常小，而市场又很有需求。所以我看了以后很兴奋，看来大学生创业教育真的要提倡温州的创业模式。

除了刚才几位专家提的问题，比如温州大学有非常好的资源、平台，给学生提供资源，有这么好的创业基金，那么，能不能把这些资源进行重新的整合，形成合力，给大家提供更好的思路，这是很重要的一点。

和大学生创业者交流的时候，我有一个感触，他们有两个实际问题需要解决。一个是创业实践和创业指导的问题，现在的大学生有创业的念头，但真正给他一个项目，让他去做，他的理念，包括一些具体问题，都非常务实、具体，这时候就需要创业指导，需要一些有实践经验的企业家来指导，咱们也开办了企业家论坛，我想，能不能更常规一些？不一定请奥康这种成功的企业家来，也可以请一些在社会上成功的创业者，聘请到大学来，和有创业想法的学生互动，就他自己面临的问题去交流，这样非常有针对性，不像那种特别松散的机构，比如有一些指导老师可能一学期才来一次，解决不了实际问题。

二是创业实践和创业抱负的问题。创业抱负是一种可持续的、远大的理想，当初温州企业家创业的时候更多的是解决了自己的生存问题，在企业慢慢长大、走向国际化的过程中走了很多弯路，现在的大学生创业有支持，视野也开阔了，怎么样同时代精神和脉搏联系起来，具有全球化视野，既靠自己的能力，在创业的过程中也解决了持续发展的问题，让他的视野更开阔一些？

以上两点是我的感触，是一些大学生在创业过程中需要解决的问题，也借鉴各位专家老师的宝贵经验，给大学生创业提供一些新的思路。

林娟娟：

时间过得很快，我们只能很舍不得地把这个研讨会暂告一个段落，希望今后有机会进行更多这种形式的研讨。半天的研讨会结束了，我们是受益匪浅，有来自全国的在创业教育方面很有研究的顶级专家，特别是蔡会长，给温州大学接下去的创新创业教育如何开展指明了一个方向。说实在话，我们真的感到自己拥有得天独厚的社会资源、文化资源和其他资源，我们很想在这方面做好做大，学校也非常重视，但缺少怎么样进行进一步提升的指导。今天有这么多专家来到我们学校，既是一个创新创业教育的研讨，同时也可以说是给温州大学如何进一步开展创新创业教育把脉，看看我们进一步发展到底应该怎么走。蔡会长说的非常重要，首先要明确开展创新创业教育的意义，我们怎么搞，目的、意义是什么，这要明确，然后才能做大。理念非常重要，搞创业教育，目的是做什么，我听大家的发言，很有启发，不仅仅是培养在校的创业者，培养几个企业家，关键是培养具有创新创业精神的人，哪怕他将来是在企业里创业或者是在岗位上创业，这个理念、意义明确了，很多问题就会迎刃而解，怎么样进入人才培养主渠道，怎么样创建实践的平台等等。我是主管教务的校长，学校的主渠道都很重视，关键是怎么进入主渠道，因为这涉及对传统的教学方式进行很大的创新，要迈出一个很大的步子，不是很容易。今天听了各位的高见，受到了很大的启发。我们的第二课堂、团委、学生处、就业处等在学生的能力培养方面，也在思考、探索怎么样结合主渠道，共同提高学生的全面素质，这更主要，不仅仅是培养几个老板的问题，而是培养综合素质。通过今天的研讨会，我们在这方面收获很大。

再次以热烈的掌声感谢各位专家，希望大家以后有机会经常来温州。

图书在版编目（CIP）数据

大学生创业教育本土化的探索与实践／谢志远编著.
—杭州：浙江大学出版社，2011.6
ISBN 978-7-308-08828-2

Ⅰ.①大… Ⅱ.①谢… Ⅲ.①大学生－创造教育－研究 Ⅳ.①G640

中国版本图书馆 CIP 数据核字（2011）第 119837 号

大学生创业教育本土化的探索与实践

谢志远　编著

责任编辑　周卫群
封面设计　刘依群
出版发行　浙江大学出版社
（杭州天目山路 148 号　邮政编码 310007）
（网址：http://www.zjupress.com）
排　　版　杭州中大图文设计有限公司
印　　刷　富阳市育才印刷有限公司
开　　本　710mm×1000mm　1/16
印　　张　10.75
字　　数　182 千
版 印 次　2011 年 6 月第 1 版　2011 年 6 月第 1 次印刷
书　　号　ISBN 978-7-308-08828-2
定　　价　26.00 元

浙江大学出版社发行部邮购电话　（0571）88925591